Pai-nosso

Dados Internacionais de Catalogação na Publicação (CIP)
(Câmara Brasileira do Livro, SP, Brasil)

Pagola, José Antonio
Pai-nosso : orar com o Espírito de Jesus / José Antonio Pagola ; tradução de Lúcia Mathilde Endlich Orth. 2. ed. – Petrópolis, RJ : Vozes, 2018.

Título original : Padre Nuestro : orar con el Espíritu de Jesús
ISBN 978-85-326-4343-8

1. Pai-nosso 2. Pai-nosso – Meditações
I. Título.

12-02022   CDD-242.722

Índices para catálogo sistemático:
1. Pai-nosso : Orações bíblicas : Cristianismo
242.722

José Antonio Pagola

Pai-nosso

Orar com o Espírito de Jesus

Tradução de
Lúcia Mathilde Endlich Orth

Petrópolis

© José Antonio Pagola / PPC Editorial y Distribuidora, 2002

Título original em espanhol: *Padre Nuestro – Orar con el Espíritu de Jesús*
Edição brasileira publicada sob licença de PPC Editorial y Distribuidora

Direitos de publicação em língua portuguesa – Brasil:
2012, Editora Vozes Ltda.
Rua Frei Luís, 100
25689-900 Petrópolis, RJ
www.vozes.com.br
Brasil

Todos os direitos reservados. Nenhuma parte desta obra poderá ser reproduzida ou transmitida por qualquer forma e/ou quaisquer meios (eletrônico ou mecânico, incluindo fotocópia e gravação) ou arquivada em qualquer sistema ou banco de dados sem permissão escrita da editora.

CONSELHO EDITORIAL

Diretor
Gilberto Gonçalves Garcia

Editores
Aline dos Santos Carneiro
Edrian Josué Pasini
Marilac Loraine Oleniki
Welder Lancieri Marchini

Conselheiros
Francisco Morás
Ludovico Garmus
Teobaldo Heidemann
Volney J. Berkenbrock

Secretário executivo
João Batista Kreuch

Editoração: Fernando Sergio Olivetti da Rocha
Diagramação: Victor Mauricio Bello
Capa: WM Design

ISBN 978-85-326-4343-8 (Brasil)
ISBN 978-84-288-1757-8 (Espanha)

Editado conforme o novo acordo ortográfico.

Este livro foi composto e impresso pela Editora Vozes Ltda.

Sumário

Apresentação, 7

O Pai-nosso

1 Pai nosso que estás no céu, 13
2 Santificado seja o teu nome, 25
3 Venha a nós o teu reino, 31
4 Seja feita a tua vontade, assim na terra como no céu, 41
5 O pão nosso de cada dia dá-nos hoje, 47
6 Perdoa-nos as nossas ofensas, assim como nós perdoamos a quem nos tem ofendido, 55
7 Não nos deixes cair em tentação, 63
8 Livra-nos do mal, 69
9 Amém, 75

Salmos para rezar o Pai-nosso

1 Pai-nosso que estás no céu, 79
2 Santificado seja o teu nome, 89
3 Venha a nós o teu reino, 97
4 Seja feita a tua vontade, assim na terra como no céu, 103
5 O pão nosso de cada dia dá-nos hoje, 109

6 Perdoa-nos as nossas ofensas, assim como nós perdoamos a quem nos tem ofendido, 115

7 Não nos deixes cair em tentação, 123

8 Livra-nos do mal, 131

Índice, 137

Apresentação

"Um dia Jesus estava rezando num certo lugar. Quando terminou, um dos discípulos lhe pediu: 'Senhor, ensina-nos a rezar como João ensinou a seus discípulos'. Ele lhes disse: 'Quando rezardes, dizei: Pai...'" (Lc 11,1-2). O Pai-nosso não é uma oração a mais entre muitas outras. É a oração dos discípulos de Jesus. A oração que o Mestre ensinou e deixou como distintivo de seus seguidores. Nela podemos descobrir os desejos mais íntimos de Jesus e suas aspirações mais profundas.

Por isso não é de estranhar que os cristãos sempre tenham considerado o Pai-nosso como a síntese do Evangelho. Tertuliano o chamava *Breviarium totius Evangelii*. No Pai-nosso encontramos o ensinamento nuclear de Jesus, sua mensagem de salvação, seu programa de vida. Nele está condensado em poucas palavras o Evangelho de Jesus Cristo e traduzido à linguagem vital da oração. Se compreendermos bem seu conteúdo e sua aspiração compreenderemos também a mensagem mais original de Jesus e seu Espírito mais profundo.

1 A estrutura do Pai-nosso

Sua estrutura é simples. Começa com uma invocação que indica com clareza a quem é dirigida a oração:

"Pai nosso que estás no céu". Seguem-se duas partes bem definidas que convém distinguir, pois marcam duas atitudes básicas no orante.

Na primeira parte são feitos três pedidos que vêm expressos no subjuntivo. São fórmulas breves – *"Santificado seja"*, *"venha"*, *"seja feita"* – que encerram *três grandes desejos* centrados em Deus: seu nome, seu reino, sua vontade. Na segunda parte, ao contrário, encontramos *quatro pedidos* em forma imperativa, que é o próprio da oração de petição. São fórmulas mais longas que estão centradas agora nas necessidades do ser humano: *"Dá-nos o pão"*, *"perdoa-nos as nossas ofensas"*, *"não nos deixes cair em tentação"*, *"livra-nos do mal"*.

Portanto, na primeira parte, a atenção se dirige ao próprio Deus. O orante lhe exprime seus *três grandes desejos*: que esse nome de "Pai" seja glorificado, que seu reino venha estabelecer-se no mundo, que se torne o quanto antes realidade sua vontade de salvar a humanidade. Na segunda parte o olhar se volta para a vida concreta dos seres humanos para fazer a Deus *quatro pedidos vitais*. Nossa vida é frágil, está ameaçada pela força do mal e exposta a perigos permanentes. O orante confia ao Pai a existência concreta dos seres humanos para pedir-lhe pão, perdão, ajuda diante da tentação e a libertação do mal.

Essas duas partes do Pai-nosso nunca devem ser separadas, pois formam uma só oração. É o próprio orante que se dirige ao Pai do céu. Primeiro, para expressar-lhe seus desejos ardentes de ver realizada a obra salvífica do

Pai. Depois, para apresentar-lhe as necessidades mais urgentes da humanidade. Os desejos sublimes da primeira parte serão realidade quando o ser humano encontrar resposta concreta para sua necessidade de ser salvo da precariedade do pecado e do mal.

2 Os salmos

Se quisermos rezar o Pai-nosso com o Espírito de Jesus devemos reconstruir, na medida do possível, a atmosfera espiritual da qual brotou sua oração ao Pai. Para isso, nada melhor do que aprofundar-nos na tradição orante dos salmos. Eles constituem o *humus* no qual cresceu a espiritualidade de Jesus e onde se alimenta essa oração, tão sublime como sóbria, que ficou plasmada no Pai-nosso.

Estou convencido de que um crente que se aprofunda na espiritualidade dos salmos aprenderá a rezar o Pai-nosso como Jesus e poderá experimentar que essa oração, repetida tantas vezes de forma rotineira e distraída, converta-se em manancial inesgotável de vida e esperança.

3 Como utilizar este livro?

Este livro consta de duas partes. Na primeira se oferece uma breve reflexão ou comentário que ajuda a compreender melhor o conteúdo de cada um dos pedidos que integram o Pai-nosso. Na segunda parte vão sendo propostas algumas súplicas, entremeadas nos salmos, que podem ajudar a que cada petição do Pai-nosso tenha uma ressonância mais profunda no nosso coração.

O leitor pode começar por ler o comentário ao Pai-nosso, quer integralmente para obter uma visão global de toda a oração de Jesus, quer detendo-se em cada pedido para aprofundar-se em seu conteúdo.

A segunda parte do livro pode ser utilizada para orar lentamente alguma das invocações ou petições do Pai-nosso. Uma vez selecionada a petição ("venha a nós o teu reino", "seja feita a tua vontade", livra-nos do mal"...), pode-se ler a breve introdução que se propõe para entoar o Espírito; depois cada um escolhe o salmo ou os salmos que quer saborear devagar; por último pode-se pronunciar repetidamente a petição de Jesus.

Nestes tempos de indiferença e crise religiosa, nós cristãos, tentados pela mediocridade espiritual, confrontados com novos desafios e dificuldades, devemos continuar pronunciando com nossos lábios e com o nosso coração essa oração que Jesus nos ensinou e que encerra sua mais preciosa herança: *"Pai-nosso que estás no céu"*.

O Pai-nosso

1

Pai nosso que estás no céu

O Pai-nosso começa com uma invocação que dá um tom próprio a toda a oração. Esta invocação nos faz experimentar Deus como Pai querido e próximo, desperta em nós a confiança total e nos faz sentir-nos irmãos de todos que são seus filhos. Este chamado inicial ao Pai não é só uma invocação introdutória que precede as diversas petições, mas deve criar em nós o clima de intimidade e confiança que há de impregnar toda a oração que segue. Para nós, Deus não é um problema teórico sobre o qual podemos falar e discutir, mas Alguém vivo e próximo com quem podemos dialogar como Pai e Amigo querido.

1.1 Experimentar Deus como Pai

Foram muitos os povos que invocaram a Deus como "pai" ou como "mãe". Com esta expressão tentam expressar sua absoluta dependência de Deus, mas também o respeito e a confiança que sentem diante dele. Nestas religiões (Assíria, Egito, Grécia, Roma) Deus é chamado "pai" porque é experimentado como "gerador" e fonte de vida, e porque é aceito como "senhor" e princípio de autoridade. É assim que devemos entender o antiquíssimo hino de Ur da Caldeia, onde Deus é invocado como *"Pai, cheio de graça e de misericórdia, em cuja mão repousa a vida de toda a terra"*[1].

Esta intuição religiosa de tantos povos recebeu luz nova na história de Israel, mas só lentamente o povo bíblico chegou a representar-se Deus como Pai. Não queriam ensoberbecer sua experiência de um Deus transcendente, imaginando levianamente os seres humanos como filhos de um deus ou uma deusa, ao estilo de algumas religiões do Oriente Próximo. Javé é um Deus próximo, o guia de Israel, vive em estreita aliança com seu povo, mas não pode ser representado por nenhuma imagem, e seu nome é misterioso. Quando Moisés pergunta a Deus como Ele se chama, Deus lhe responde: *"Eu sou aquele que sou... Este é o meu nome para sempre, e assim serei lembrado de geração em geração"* (Ex 3,14-15).

Não obstante, a experiência de sentir-se povo eleito vai fazer emergir um clima religioso que torna possível designar Deus como Pai. Israel é como uma grande família chamada à vida por Javé, o pai do povo. Na terceira parte do Livro de Isaías podemos observar uma linguagem nova: *"Tu és nosso Pai, porque Abraão não sabe de nós e Israel não nos conhece. És Tu, Senhor, nosso*

---

1. Apud JEREMIAS, J. *Abba* – El mensaje central del Nuevo Testamento. Salamanca: Sígueme, 1981, p. 19.

Pai" (Is 63,16). Um pouco adiante, o profeta fala assim: *"Senhor, Tu és nosso Pai, nós somos o barro e Tu o nosso oleiro, somos todos obra de tuas mãos"* (Is 64,7). Deus acompanha com seu amor paternal a história de Israel. O Senhor *"vos conduziu como um homem carrega seu filho ao longo de todo o caminho"* (Dt 1,31). *"Como um homem corrige o filho, assim o Senhor teu Deus te corrige"* (Dt 8,5). Segundo o Profeta Oseias, tem sido assim desde o princípio: *"Quando Israel era um menino, eu o amei e do Egito chamei meu filho"* (Os 11,1).

É normal que o povo eleito tire daí algumas consequências. Esse amor paternal de Deus está pedindo uma resposta: *"Um filho honra o pai, um servo o seu senhor. Mas se eu sou pai, onde está a minha honra? E se sou senhor, onde está meu temor?"* (Ml 1,6). A mesma queixa ressoa no Deuteronômio: *"É assim que agradeceis ao Senhor, povo louco e insensato? Não é Ele o pai que te criou? Quem te fez e te formou?"* (Dt 32,6). O amor paternal de Deus está pedindo, sobretudo, fraternidade: *"Não temos todos um único pai? Não foi um único Deus que nos criou? Por que agimos perfidamente uns com os outros, violando a aliança de nossos pais?"* (Ml 2,10).

Apesar de todos esses textos, no Antigo Testamento o nome de "pai" dado a Deus não é determinante, mas só um nome entre muitos outros mais frequentes e importantes, como "senhor", "juiz", "rei", "criador". Só Jesus revelará o conteúdo encerrado na invocação de Deus como Pai.

Quando um cristão inicia sua oração, a primeira coisa que faz é situar-se diante de um Deus *Pai*. Deus é para nós Mistério transcendente e santo, mas Mistério de amor pessoal e concreto. Ao rezar, não nos dirigimos a "algo", não nos submergimos na "Energia cósmica" que tudo dirige, não nos fundimos com a "Totalidade misteriosa do universo". Nós nos dirigimos a "Alguém" com rosto pessoal, atento aos desejos e necessidades do coração humano. Dialogamos com um Pai que está na origem de nosso ser e que é o destino último de nossa existência. Quando pronunciamos esta palavra "Pai", orientamos todo o nosso ser para o único que nos ama, compreende e perdoa, pois somos seus filhos.

1.2 Com a confiança de filhos

Em sua oração, Jesus sempre se dirige a Deus chamando-o de *Abba*. É verdade que, em suas parábolas, Deus também aparece como rei, senhor, juiz..., mas quando fala com Ele só o chama de *Abba*. Esse é seu nome próprio.

Esta expressão aramaica, utilizada por Jesus em todas as suas orações que chegaram até nós, é um termo que era usado especialmente pelas crianças pequenas para dirigir-se a seu pai. Trata-se de um diminutivo carinhoso (algo como "papai") que ninguém se havia atrevido a empregar até então para dirigir-se a Deus[2]. Este

---

[2]. Sobre esta expressão infantil, cf. JEREMIAS, J. *Abba*. Op. cit., p. 65-73. Apesar das precisões que foram feitas posteriormente à tese de J. Jeremias (p. ex., por parte de J. Barr), este termo, tal como o emprega Jesus num contexto social no qual de ordinário nem sequer se nomeava a Deus, reveste um significado especial e não usual. Cf. TORRES QUEIRUGA, A. *Repensar la cristología*. Estella: Verbo Divino, 1996, p. 353, nota 83.

Abba encerra, sem dúvida, o segredo da relação íntima que Jesus vive com Deus, seu Pai querido. Como diz J. Jeremias, Jesus "falou com Deus como um filho com seu pai, com a mesma simplicidade, o mesmo carinho, a mesma segurança. Quando Jesus chama Deus de *Abba*, Ele nos revela qual é o centro de sua relação com Ele"[3]. A atitude de Jesus diante de Deus é a daquele que fala a partir da confiança, do afeto e da ternura de uma criança pequena.

Mas Jesus não reserva exclusivamente para si esta invocação de Deus como Pai querido. Ele ensina e convida seus discípulos a que também eles o invoquem com a mesma confiança e segurança. "Ao entregar o Pai-nosso aos discípulos, Jesus lhes transmitiu o poder de dizer como Ele: *Abba*. Isto significa que os fazia participar de sua relação com Deus"[4]. A Igreja primitiva guardou esta expressão de Jesus em seu original aramaico como o núcleo da nova confiança com a qual podem invocar a Deus aqueles que seguem seu Filho. "*Vós não recebestes um espírito de escravos para recair no medo, mas recebestes um espírito de filhos adotivos pelo qual clamamos:* Abba, *Pai*" (Rm 8,15). "*Porque sois filhos, Deus enviou a nossos corações o Espírito de seu Filho que clama:* Abba, *Pai! De maneira que já não és escravo, mas filho*" (Gl 4,6).

---

3. JEREMIAS, J. *Abba*. Op. cit., p. 70.

4. Ibid., p. 71.

Para rezar o Pai-nosso é necessário despertar em nós este "espírito de filhos", falar com Deus com segurança e confiança de filhos, fazer desaparecer todo temor, abandonar-nos com alegria em Deus, nosso Pai querido. Esta é a grande novidade de Jesus: *"A todos que creem em seu nome, deu o poder de se tornarem filhos de Deus"* (Jo 1,12). Isto que hoje escutamos, talvez como algo "normal", era sublinhado com alegria e assombro nas primeiras comunidades cristãs: *"Vede com que grande amor o Pai nos amou para sermos chamados de filhos. E nós o somos de fato!"* (1Jo 3,1). É certo que agora não se manifesta ainda em nós esta condição de "filhos de Deus", mas um dia vamos experimentar tudo que isto significa: *"Caríssimos, somos desde já filhos de Deus, embora ainda não se tenha manifestado o que devemos ser. Sabemos que, quando Ele aparecer, seremos semelhantes a Ele porque o veremos tal qual Ele é"* (1Jo 3,2).

Devemos aprender a orar a Deus *Abba* com confiança total de filhos. Esta é a atitude básica e essencial que devemos cuidar de fomentar, aprofundar e fazer crescer em nós sem temor algum. Deus é nosso *Abba*, um Pai que nos ama com amor insondável e que *"sabe de nossas necessidades antes mesmo de pedirmos"* (Mt 6,8).

1.3 Sabendo que somos irmãos

O Pai-nosso se reza no plural desde o começo até o fim. Jesus nos ensina a dizer "Pai nosso", e não "Pai meu"[5]. Quem invoca assim a Deus não pode desentender-se com os outros. Não podemos apresentar-nos diante de Deus só com os nossos problemas e preocupações, alheios aos outros homens e mulheres. No Pai-nosso não se pede a Deus nada só para si mesmo, mas para todos. O Pai-nosso só pode ser rezado com um coração grande e universal. Deus é "nosso", de todos. Ninguém deve ficar excluído.

Deus é Pai de toda a família de seguidores de Jesus. Mas é também Pai de todos, sem discriminação nem exclusão alguma. É o "Pai do céu". Não está ligado a um lugar sagrado, nem pertence a um povo ou a uma raça concreta. Não cabe em nenhuma religião. É o Deus de todos. *"Ele faz nascer o sol para bons e maus, e faz chover sobre justos e injustos"* (Mt 5,45). *"Ele é bondoso para com ingratos e maus"* (Lc 6,35). Rezar o Pai-nosso é reconhecer a todos como irmãos e irmãs, sentir-se em comunhão com todos os homens e mulheres, sem recusar a ninguém, sem desprezar nenhum povo, sem discriminar nenhuma raça.

1.4 O Pai do céu

Deus é nosso Pai querido, bom para com todos, próximo a cada um, mas não devemos confundi-lo com um pai qualquer. O próprio Jesus nos adverte: *"A ninguém chameis de "Pai" na terra, porque um só é vosso pai,*

---

5. O termo *Abba* pode ser aplicado tanto no singular como no plural. Mateus traduz "Pai-nosso" com todo acerto, pois toda a oração está no plural.

aquele que está no céu" (Mt 23,8-9). Um Pai íntimo e próximo, mas transcendente. Um Pai *"que está no céu".*

Segundo a concepção bíblica, "a terra" é o espaço no qual vivem os seres humanos e "o céu" é o lugar de Deus. Assim diz o salmista: *"O céu pertence ao Senhor, mas a terra foi dada aos homens"* (Sl 115,16). O céu é símbolo da transcendência e da imensidade de Deus: *"Mas pode Deus morar realmente na terra? Se os céus e os mais altos céus não podem te conter, quanto menos este templo que acabo de construir-te!"* (1Rs 8,27), diz o Rei Salomão, depois de edificar para Javé o primeiro templo de Jerusalém[6].

Deus "está no céu", não aqui na terra, sempre à mão para utilizá-lo quando dele precisarmos. Não rezamos a Deus para que nos defenda da dureza da vida e resolva nossos problemas. O que lhe pedimos é saber atuar e viver a partir de sua graça, sua bondade e sua verdade.

Sabe-se que, para Sigmund Freud, a religião é uma "neurose infantil coletiva": os seres humanos buscam em Deus um sucedâneo do pai", alguém que os acolha e proteja. Por isso a religião cria, na opinião dele, uma dependência infantil neurótica e, da mesma maneira que para amadurecer e ser adulto deve-se "matar o pai", fazendo-se o indivíduo o próprio pai de si mesmo, assim também os seres humanos têm de libertar-se de Deus

---

6. Os evangelistas recordam o costume de Jesus que, ao orar, elevava os olhos ao céu (Mc 7,34; Jo 11,41; 17,1). O costume mais generalizado era, ao que parece, rezar olhando para o Templo.

para assumir sua própria responsabilidade e ser donos de si mesmos.

No entanto, rezar a um Pai do céu não infantiliza. Jesus não tem nada de menino débil e infantil que vive buscando o consolo e a proteção de Deus. Sua obediência ao Pai não o infantiliza, mas o torna responsável para assumir sua própria missão até o fundo. Deus é nosso Pai querido, mas está no céu, não na terra. Não nos acompanha para substituir-nos na solução de nossos problemas. Está no céu, remetendo-nos à nossa própria responsabilidade, deixando a construção do mundo em nossas mãos. Por isso, invocar o Pai do céu não cria dependência infantil, não "castra" nossa personalidade. Ao contrário, o crente encontra nesse Deus o melhor estímulo e fundamento para viver responsavelmente a fraternidade universal. Esse "Pai do céu" é fonte de autonomia, liberdade e responsabilidade para construir um mundo mais humano e fraterno.

1.5 Deus Pai e Mãe

Quando invocamos a Deus como Pai não estamos pensando em nenhuma determinação sexual. "Deus não é homem (varão) porque se fala dele como Pai, nem é mulher porque se fala dele como Mãe"[7]. Não há

---

7. DEL CURA, S. "Dios Padre/Madre. Significado de implicaciones de las imágenes masculinas y femeninas de Dios". *Dios es Padre*. Salamanca: Secretariado Trinitario, 1991, p. 307.

motivo maior para empregar o masculino do que o feminino quando falamos de Deus. Deus Pai não representa o masculino diante de uma Deusa Mãe que representasse o feminino. Quando invocamos a Deus como Pai, o que queremos expressar é apenas que Deus é princípio e origem do nosso ser, e que esse mistério último que origina, sustém e fundamenta o universo é um mistério de amor insondável[8].

Por isso, é tão legítima a imagem feminina de Deus como a masculina. A própria tradição bíblica não teme representar Deus com imagens femininas, inclusive dentro de uma sociedade patriarcal. Assim se pode ler na segunda e terceira partes do Livro de Isaías: *"Escutai-me, casa de Jacó e todo o resto da casa de Israel! Eu vos carreguei desde o nascimento, levei-vos desde o seio materno..."* (Is 46,3). *"Pode uma mulher esquecer seu bebê, deixar de querer bem ao filho de suas entranhas? Mesmo que alguma esquecesse, eu não te esqueceria"* (Is 49,15). *"Como a mãe consola o filho, assim eu vos consolarei"* (Is 66,13). Por isso, embora muitos poderiam ficar surpresos com as palavras de João Paulo I, na realidade não representavam nenhuma

---

8. BOFF, L. *El rostro materno de Dios*. Madri: Paulinas, 1981. ♦ GÓMEZ-ACEBO, I. *Dios también es Madre*. Madri: San Pablo, 1994. ♦ SÖLLE, D. "Dios, Madre de todos nosotros". *Selecciones de Teología*, 25, 1986. ♦ ELIZONDO, F. "Diosa-Madre". In: PIKAZA, X. & SILANES, N. (orgs.). *Diccionario Teológico – El Dios cristiano*. Salamanca: Secretariado Trinitario, 1992, p. 346-355. ♦ GONZÁLEZ-CARVAJAL, L. *¡Noticias de Dios!* Santander: Sal Terrae, 1997, p. 215-232.

novidade especial. Foi isto que ele disse: "Deus é Pai, mas também é Mãe. Não quer o nosso mal; só quer o bem de todos nós"[9].

Talvez, no meio de uma sociedade que continua configurada pelo varão, seja conveniente superar o uso obrigatório e quase exclusivo de uma linguagem patriarcal que pode estreitar e empobrecer nossa experiência de Deus. Ele está acima de qualquer linguagem humana, mas os nomes que lhe damos têm sua importância, já que deles depende, em boa parte, o que Ele representa para nós. Provavelmente, confiar-se a um Deus de entranhas maternais pode hoje ajudar a muitas pessoas a viver uma experiência mais rica e entranhável do Mistério de Deus.

---

9. JOÃO PAULO I. *Enseñanzas al pueblo de Dios*. Cidade do Vaticano: Libreria Editrice Vaticana, 1978, p. 5.

2

Santificado seja o teu nome

Depois da invocação inicial, vêm expressos três grandes desejos. O primeiro de todos é formulado de maneira breve e concisa: *"Santificado seja o teu nome"*. Não se trata de uma simples aspiração. É o primeiro desejo que nasce de Jesus, "a principal preocupação e a aspiração mais ardente de sua alma"[10]. Para Ele, o objetivo de tudo é a "glória" de Deus, que o *"nome de Deus"* seja santificado. Só quem descobre o conteúdo profundo desta estranha fórmula poderá pronunciar o Pai-nosso com o Espírito de Jesus.

2.1 O nome de Deus

Na cultura bíblica, o nome não é só um termo para designar uma pessoa ou um objeto. O nome indica realmente o ser, a natureza íntima dessa pessoa ou desse objeto[11]. O nome de Deus expressa o ser de

---

[10]. SCHÜRMANN, H. Op. cit., p. 28.

[11]. Deus muda o nome de Abrão e o chama de *Abraão*, porque será *"pai de uma multidão"* (Gn 17,5). A Simão, filho de Jonas, Jesus muda o nome e o chama de *"Pedro"*, porque será " a pedra" sobre a qual edificará sua Igreja (Mt 16,18).

Deus, seu mistério inefável, tal como quis revelar-se e dar-se a conhecer. O nome de Deus sugere aos israelitas o que Deus é para aquele povo: um Deus amigo que ama o povo de modo entranhável, um Deus fiel que salva, liberta, castiga e perdoa... O nome de Deus continua sendo um mistério. *"Sou aquele que sou... este é meu nome para sempre"* (Ex 3,14-15). Mas o povo de Israel vai experimentando que Deus é amor salvador: *"Ele enviou a seu povo a redenção, promulgou para sempre sua aliança. Seu nome é santo e digno de respeito"* (Sl 111,9).

O nome de Deus lembra-lhes principalmente sua bondade. *"As obras do Senhor são todas excelentes... Não se deve dizer 'Isto é pior do que aquilo', porque tudo a seu tempo demonstra sua bondade. Agora, de todo coração e a plena voz, cantai e bendizei o nome do Senhor"* (Eclo 39,33-35). A lembrança de seu nome só pode despertar agradecimentos: *"Bendize, ó minha alma, o Senhor, e todo o meu ser, seu santo nome! Bendize, ó minha alma, o Senhor, e não esqueças nenhum de seus benefícios"* (Sl 103,1-2). Maria, que vive esta espiritualidade bíblica, canta assim seu agradecimento: *"Porque o Poderoso fez em mim grandes coisas. O seu nome é santo"* (Lc 1,49).

O nome de Deus expressa, pois, a atuação amorosa de Deus no meio dos seres humanos, sua presença salvadora e libertadora. Por isso, os crentes só confiam em seu nome: *"Nosso auxílio está no nome do Senhor, que fez o céu e a terra"* (Sl 124,8). Por isso invocam o nome de Deus: *"Socorre-nos, ó Deus Salvador nos-*

so, pela honra de teu nome! Livra-nos e perdoa nossos pecados, por causa do teu nome!" (Sl 79,9). O verdadeiro crente coloca toda sua confiança no nome de Deus. Esse nome é tudo para ele: *"Vou esperar em teu nome, porque és bom"* (Sl 52,11). *"Celebrarei teu nome, porque és bom"* (Sl 54,8).

Em Cristo foi-nos revelado, de maneira definitiva, toda a bondade, o amor salvador e a ternura benfazeja que o nome de Deus encerra. *"Eu lhes fiz conhecer o teu nome e ainda o farei conhecido, para que o amor com que me amaste esteja neles e eu neles"* (Jo 17,26). É este o nome sagrado de Deus que desejamos que seja santificado, proclamado, reconhecido.

2.2 A santidade de Deus

Quando falamos de "santidade" geralmente pensamos na "perfeição moral" que uma pessoa alcançou num grau notável. Na tradição bíblica, porém, a santidade é, antes de tudo, o modo de ser próprio de Deus. Só Deus é realmente "santo". Ele é diferente de tudo que existe. É incomparável. Ele é Deus e não homem (cf. Os 11,9). Não é prolongamento do nosso mundo. É completamente outro, insondável, transcendente[12]. Seu modo de ser e de atuar não pode ser comparado com nada nem com ninguém. Em concreto, Ele ama e busca a justiça como ninguém. Aborrece a iniquidade,

---

[12]. A palavra semítica *qodés* (santo) deriva de uma raiz que significa "cortar", "separar".

defende os fracos e sua misericórdia não tem fim: sua ação salvadora é insondável. Assim, pois, a santidade de Deus é fundamento e exigência para viver de maneira santa.

O mesmo se diz nas primeiras comunidades cristãs: *"Assim como é santo aquele que vos chamou, sede também santos em todas as ações, pois está escrito: 'sede santos porque eu sou santo'"* (1Pd 1,15-16). É a ideia de Jesus: *"Sede perfeitos como vosso Pai do céu é perfeito"* (Mt 5,48).

2.3 Que Deus santifique seu nome

Este desejo nasce em nós porque o nome de Deus, *Abba*, não é santificado nem glorificado. Não se deixa Deus ser Pai de todos. Seu nome de "Pai" não é reconhecido. Ele é ofendido quando se ofende seus filhos e filhas. Seu nome de Pai é desprezado, ignorado ou rechaçado quando crescem no mundo os ódios e as injustiças.

O crente pede a Deus que Ele mesmo santifique seu nome, e que se faça reconhecer por todos[13]. A glória de Deus é algo grande demais para que só nós, com nossas forças, possamos torná-la realidade. Nós expomos ao Pai nosso desejo ardente de que seu nome santo de Pai seja conhecido, reconhecido, venerado, agradecido e exaltado. É Ele que, antes de ninguém, tem de santi-

---

13. *"Santificado seja"*. Esta fórmula no passivo é uma maneira de indicar que o sujeito dessa ação é Deus, sem ter que mencioná-lo explicitamente.

ficar seu nome, não nós. É o que já aparece no Profeta Ezequiel:*"Santificarei o meu grande nome, profanado entre as nações, no meio das quais o profanastes. As nações saberão que eu sou o Senhor, quando por meio de vós mostrar minha santidade à vista deles"* (Ez 36,23).

Por isso dizemos a Deus: "Pai querido, santifica esse teu nome". Repetimos assim a oração de Jesus, *"Pai, glorifica teu nome"* (Jo 12,28). Este é o nosso primeiro desejo: que a glória de Deus encha a terra, que Deus seja Deus, que sua bondade, seu amor e sua justiça salvadora penetrem tudo, que seu nome de Pai, profanado pelos seres humanos, seja glorificado. Que se imponha seu amor de Pai entre homens e mulheres cada vez mais irmãos.

2.4 Nosso compromisso

Não pode surgir de nós este desejo ardente de ver o santo nome de Deus reconhecido e santificado, se em nós não há um desejo de viver de "maneira santa", dando glória a Deus em nossa própria vida, *"cheios dos frutos de justiça que provêm de Jesus Cristo, para glória e louvor de Deus"* (Fl 1,11). Esta é a ideia de Jesus: nós santificamos e glorificamos o nome do Pai realizando "boas obras". *"É assim que deve brilhar vossa luz diante das pessoas, para que vejam vossas boas obras e glorifiquem vosso Pai que está nos céus"* (Mt 5,16).

Concretamente, *"santificar o nome de Deus"* significa para nós respeitar a Deus, aceitar sua presença misteriosa em nós; deixar Deus ser Deus, sem pretender manipulá-lo; dar-lhe lugar em nossa vida, em nosso pensar, sentir e atuar, sem colocar obstáculo à sua ação salvadora em nós; acolhê-lo como origem e destino último de nossa vida; amá-lo como *Abba*, Pai querido. Significa, portanto, não fazer-nos outros deuses, desterrar toda idolatria, reconhecê-lo como único Senhor, sem sujeitar nosso ser ao dinheiro, ao poder, ao sexo ou a qualquer outro ídolo; colocar só nele a nossa esperança, confiar só em seu nome.

Mas o nome concreto de Deus é *Abba*, Pai. Por isso, santificar seu nome é viver como seus verdadeiros filhos, acolhendo a todos como irmãos; criar no mundo relações mais santas, justas e humanas; reagir contra tudo que destrói a dignidade e os direitos das pessoas; trabalhar por uma vida mais digna e feliz para todos, pois *"o que dá glória a Deus é um ser humano cheio de vida"*[14].

Entretanto, jamais chegaremos a ver nesta terra um mundo santo, perfeito e justo, onde Deus seja acolhido como Pai e onde os homens e mulheres se amem plenamente como irmãos. Nunca veremos tornar-se realidade o amor, a justiça e a paz que tanto desejamos. Por isso, ao dizer *"santificado seja o vosso nome"*, nosso desejo se abre a uma esperança última e definitiva quando *"Deus seja tudo em todos"* (1Cor 15,28).

---

[14]. Assim reza o conhecido aforismo de Santo Ireneu: *Gloria Dei, vivens homo; vita, autem, hominis visio Dei* (*Adversus haereses*, IV, 20, 7).

3
Venha a nós o teu reino

Este anseio *"venha a nós o teu reino"* ajuda a concretizar e compreender melhor o desejo anterior da santificação do nome de Deus. Para Jesus, a vinda do Reino de Deus é tudo, é o núcleo central de sua mensagem, a convicção mais profunda, o objetivo de toda a sua atuação, a paixão de sua vida. Não é de estranhar que, ao ensinar a seus discípulos a rezar, brote-lhe este desejo do fundo de seu ser: *"Pai, venha o teu reino"*. Esta terminologia monárquica pode parecer-nos hoje um pouco estranha. Podemos talvez até entendê-la mal. Mas, se quisermos compreender bem o Pai-nosso, devemos aprofundar-nos nesta expressão.

3.1 Evitar ideias errôneas

Não devemos identificar o Reino de Deus com o *céu*, lugar de recompensa e gozo eterno com Deus[15]. Jesus não está pensando num reinado de Deus que

---

[15]. São Mateus fala do "Reino dos Céus", mas é para designar o "Reino de Deus", evitando usar explicitamente o nome divino.

se realiza na outra vida, além da morte. O reinado de Deus é algo que está em marcha e acontece agora. É certo que a plenitude do reino se dará no final, mas o crescimento do Reino de Deus, a acolhida, a entrada no reino devem acontecer agora. Por isso, ao dizer *"venha a nós o teu reino"* não estamos pedindo para ir ao céu. Estamos almejando que o Reino de Deus se torne realidade entre nós, que chegue sua justiça, que se imponha no mundo seu senhorio.

Também não devemos entender o Reino de Deus como algo interior que se realiza por meio da *graça* na alma dos crentes[16], mas como um processo destinado a transformar a vida inteira. Naturalmente, a conversão ao Reino de Deus implica uma vida interior, mas o chamado a "entrar no reino" não é um convite para intensificar a vida espiritual, mas para tomar uma decisão que compromete toda a pessoa. Por isso quando dizemos *"venha a nós o teu reino"*, não pedimos que Deus reine interiormente nos corações, mas que transforme a realidade inteira do mundo e a vida material, espiritual e social dos seres humanos, para que seja mais conforme com os desígnios de Deus nosso Pai.

---

16. A ideia de um Reino de Deus no interior das pessoas provém, sobretudo, da interpretação que muitos Padres fizeram de Lc 17,21: "[...] *o Reino de Deus já está dentro de vós*". A exegese atual entende: "*O Reino de Deus já está entre vós*" (*La Bíblia* da Casa de la Bíblia). Do mesmo modo, a nova versão espanhola da *Bíblia de Jerusalém*, que traduz *"dentro de vós"*, o entende, porém, assim: "Devemos optar por ele, não é um acontecimento puramente externo".

Também não devemos confundir o Reino de Deus com a *Igreja*, como se o Reino de Deus só se realizasse dentro da instituição eclesiástica e crescesse e se desenvolvesse na medida em que esta cresce e se desenvolve. A Igreja está a serviço do Reino de Deus e trata de anunciá-lo e promovê-lo, pois é *"sacramento"* ou sinal da presença de Deus entre os seres humanos, inaugurada por Cristo e em Cristo. Mas o Reino de Deus não se identifica com as fronteiras da Igreja visível; Deus reina onde reina seu amor e sua justiça. Por isso, quando dizemos *"venha a nós o teu reino"*, não pedimos que cresça e se estenda a Igreja, mas que o Reino de Deus chegue ao mundo inteiro e também à Igreja.

3.2 A utopia do Reino de Deus

Quando se organizou em Israel a monarquia, nem por isso Deus deixou de ser o soberano do povo, o autêntico rei de Israel. Por isso Ele era aclamado com hinos como este: *"A ti, ó Senhor, pertence a grandeza, o poder, o esplendor, a glória e a majestade. Tudo que existe no céu e na terra te pertence, ó Senhor. Tua, ó Senhor, é a realeza e Tu te elevas como cabeça acima de tudo"* (1Cr 29,11). Os reis de Israel estavam subordinados a Deus e deviam cumprir sua vontade.

Por isso não é de estranhar que, ao comprovar que os reis também não atuavam com justiça e bondade, despertasse no povo a esperança de que Deus mesmo enviaria um dia seu *"Ungido"*, ou Messias, descendente da família real de Davi, para que instaurasse o verdadeiro "*reinado de Deus*", tornando realidade uma utopia tão antiga como o coração humano: o desaparecimento do mal, da injustiça e da opressão, da dor e da morte.

O "Reino de Deus" trará consigo a verdadeira justiça e a paz, a salvação e a felicidade. Então desaparecerão o pecado e as injustiças e se promoverá a libertação e a dignidade de todos. É o que anuncia o Livro da consolação da profecia de Isaías: "*Como são bem-vindos sobre os montes os passos do mensageiro da boa-nova, que anuncia a paz, que traz uma mensagem de bem, que proclama a salvação, que diz a Sião: 'Teu Deus é rei!'*" (Is 52,7).

O Reino de Deus é sobretudo uma boa notícia para os pobres e os maltratados injustamente. Deus não pode reinar, a não ser fazendo justiça àqueles a quem ninguém a faz, nem sequer os reis da terra. Só Deus pode garantir a defesa dos fracos: "*Os oprimidos se alegrarão sempre mais no Senhor, e os mais pobres exultarão no Santo de Israel. Porque o opressor não mais existirá, o zombador desaparecerá e todos os que estão prontos para o mal serão aniquilados*" (Is 29,19-20). Assim canta o salmista: "*Ele livrará o pobre que clama e também o oprimido e o desvalido. Ele tem compaixão do fraco e do pobre, e salva a vida dos pobres. Da astúcia e da violência lhes resgata a vida e o sangue que é precioso a seus olhos*" (Sl 72,12-14).

Assim, pois, o desejo de que venha o "*Reino de Deus*" resume o anelo de que chegue uma nova ordem ao mundo que só Deus pode introduzir. Só Ele pode impor na humanidade a justiça verdadeira. Só Ele pode trazer ao mundo a paz e a salvação. Só Ele pode destruir o pecado e eliminar a iniquidade.

3.3 O Reino de Deus está chegando

Toda a atuação de Jesus se concentra na vinda deste Reino de Deus[17]. Jesus vive convencido de que com Ele, com sua mensagem e sua atuação, o Reino de Deus começa a tornar-se realidade. Deus já está chegando. O Reino de Deus começa a abrir caminho entre os seres humanos. A vida está sendo trabalhada pela força salvadora de Deus. Esta é a grande notícia que obriga todos nós a mudar. Assim resume o Evangelista São Marcos a mensagem central de Jesus: *"Completou-se o tempo e o Reino de Deus está próximo. Convertei-vos e crede na Boa Notícia"* (Mc 1,15).

Este reinado de Deus não chega com a espetacularidade que muitos contemporâneos de Jesus esperavam, mas de maneira humilde, simples e quase oculta. O Messias, o Enviado de Deus não vem instaurar um reino poderoso, de caráter político. Seu modo de tornar presente o Reino de Deus é introduzir justiça, verdade, saúde e perdão na vida dos seres humanos. *"O Filho do Homem não veio para ser servido, mas para servir e para dar sua vida em resgate de todos"* (Mc 10,45).

---

[17]. Tratei da atuação de Jesus a serviço do Reino de Deus em *Jesús de Nazaret – El hombre y su mensaje*. São Sebastião: Idatz, 1981, p. 81-154.

Por isso, este reinado de Deus é como uma *"semente"* que foi semeada no mundo para ir crescendo (Mc 4,26-32), como um punhado de *"fermento"* que foi introduzido na história humana para ir transformando-a (Mt 13,33). A força salvífica de Deus já está atuando, mas é como um *"tesouro escondido"* que ainda deve ser descoberto (Mt 13,44), ou como uma *"pérola preciosa"* pela qual se arrisca tudo (Mt 13,45). À primeira vista, tudo isto sobre o "Reino de Deus" pode parecer ainda algo insignificante, como um pequeno *"grão de mostarda"* (Mc 4,31) inclusive pode parecer que vai fracassar, pois a semente pode ter diversas sortes, segundo a acolhida ou a resistência que vai encontrar ao cair em diferentes terrenos (Mc 4,3-9). Mas Jesus convida seus seguidores a descobrir no mais profundo da história humana a força humilde, mas poderosa, de Deus que já conduz o mundo para sua salvação: *"A vós foi dado o mistério do Reino de Deus"* (Mc 4,11).

O próprio Jesus, com sua atuação sanadora e sua luta contra o mal e a dor, oferece sinais de que o reinado de Deus está chegando: *"Os cegos veem e os coxos andam, os leprosos ficam limpos e os surdos ouvem, os mortos ressuscitam e aos pobres é anunciada a Boa Notícia"* (Mt 11,5). Se Jesus vai expulsando o mal e fazendo mais sã a vida dos humanos, mais libertada e feliz, isto indica que Deus está vencendo o mal com o bem e está implantando seu reino: *"Mas se é pelo Espírito de Deus* (Lucas = pelo dedo de Deus) *que expulso os demônios, então o Reino de Deus chegou até vós"* (Mt 12,28 = Lc 11,20).

A chegada do Reino de Deus é a melhor notícia que se podia escutar no mundo, pois aquele que quer reinar entre os humanos não é um ditador, mas um Deus-Pai, *Abba*, que busca só uma coisa, que é o bem e a felicidade de todos. Se Deus reina, reinará na humanidade a fraternidade, a comunhão e a amizade. Acolher a Deus como único Absoluto não leva à injustiça, à opressão ou à mútua destruição. Ao contrário, é a única coisa que pode levar a humanidade à convivência fraterna e à justiça para todos.

Segundo Jesus, os primeiros que vão escutar a Boa Notícia do reino são os pobres: *"O Espírito do Senhor está sobre mim, porque me ungiu para anunciar a Boa Notícia aos pobres"* (Lc 4,18). Os primeiros beneficiados com a chegada do Reino de Deus são os indefesos, as vítimas dos poderosos, os marginalizados, os que não têm lugar na sociedade nem no coração dos outros. Não que estes sejam melhores do que ninguém para merecer o Reino de Deus de forma privilegiada. A única razão é que são pobres e estão necessitados de justiça e amor. Por isso é bom para eles que se imponha o reinado de Deus e sua justiça.

Se Deus reina no mundo, nessa mesma medida já não reinarão os poderosos sobre os fracos, os ricos não abusarão dos pobres, os homens não dominarão as mulheres, os povos do Primeiro Mundo não explorarão os do Terceiro Mundo. Por outro lado, se reinam Deus e sua justiça, já não reinarão na humanidade, como senhores absolutos, o dinheiro, a força, as armas, o bem-estar e o poder. Não se poderá dar a nenhum César o que é de Deus (cf. Lc 20,25). Não se poderá servir ao mesmo tempo a Deus e ao dinheiro.

3.4 Entrar no reino

O Reino de Deus está em processo. "*Já* está aqui, mas ainda não chegou à sua plenitude. Foi semeado na terra, e deve ir crescendo aos poucos. Seus começos são humildes, quase insignificantes, mas está destinado a ter um alcance universal. O bem já atua no mundo, mas ainda não venceu totalmente o mal. O reino é um dom que recebemos, mas também é uma promessa que esperamos ver realizada"[18]. Daí o nosso anseio: "*Venha o teu reino*": que a "*semente*" continue crescendo, que o "*fermento*" continue levedando, que o começado em Cristo continue a desenvolver-se.

Fazer do íntimo este pedido só é possível quando se está disposto a entrar na dinâmica do reino. Se desejamos o reino, temos de seguir o convite de Jesus: "*Buscai em primeiro lugar o Reino de Deus e sua justiça e todas estas coisas vos serão dadas de acréscimo*" (Mt 6,33). Entrar no Reino de Deus exige adotar uma atitude de "crianças" que acolhem o Pai, *Abba*, pois "*o Reino dos Céus é dos que são como elas*" (Mt 19,14). Exige também viver com o espírito das bem-aventuranças, pois "*deles é o Reino de Deus*" (Lc 6,20).

Mas, além disso, o anseio pelo Reino de Deus impele e compromete a trabalhar para que esse Reino de Deus seja acolhido. Isto significa trabalhar por um

---

18. BORRELL, A. Op. cit., p. 46.

mundo mais fraterno e solidário, construir relações mais humanas, instaurar a paz e promover a reconciliação, reagir contra as injustiças, manter sempre viva a esperança em Deus, sem cair no pessimismo ou no desespero, pedir ardentemente a vinda do reino.

Seguindo a Jesus, também nós somos chamados a realizar gestos libertadores, criadores de vida, que podem ser percebidos como boa notícia pelos que sofrem: *"Pelo caminho, proclamai que está próximo o Reino de Deus. Curai os enfermos, ressuscitai os mortos, limpai os leprosos, expulsai os demônios. De graça recebestes, dai também de graça!"* (Mt 10,7-8). Os gestos podem ser diversos: oferecer esperança aos que não podem esperar nada desta sociedade, acolher aqueles que não encontram lugar nem acolhida em parte alguma, defender aqueles que não podem defender-se diante dos poderosos, fazer justiça aos que são tratados injustamente, dar vez e voz aos que são esquecidos e marginalizados, oferecer perdão e possibilidade de reabilitação aos culpáveis... Onde se vive e trabalha com este espírito, está chegando o Reino de Deus.

Quem anseia pelo reino não perde a esperança nem esquece a ação de graças: *"Nós te damos graças, Senhor Deus todo-poderoso, aquele que é e que era, porque assumiste o teu grande poder e entraste na posse do reino"* (Ap 11,17). Embora não vejamos realizado seu reino tal como desejamos, nós sabemos que Deus orienta tudo para a salvação final. Deus é *"Aquele que É, que Era e que Vem"* (Ap 1,4).

4
Seja feita a tua vontade, assim na terra como no céu

Este desejo só se encontra no Evangelho de Mateus. Na realidade, não acrescenta nada de novo aos dois desejos anteriores, mas expressa algo que ainda não havia sido nomeado: a *"vontade de Deus"*. De fato, o reinado de Deus só pode instaurar-se se os seres humanos forem dóceis e obedientes à sua vontade de reinar entre eles.

Temos de entender bem este desejo. Algumas pessoas podem entender a vontade de Deus como um conjunto de leis e normas que Deus impõe e que o ser humano deve cumprir. Neste caso estaríamos pedindo que o mundo não se afastasse da moral revelada por Deus. Outras pessoas também podem pensar num desígnio misterioso e insondável que não é fácil conhecer, mas que temos de aceitar com fé. Talvez existam ainda aquelas pessoas que querem decifrar essa vontade divina para saber se ela coincide com sua vontade própria. O que pedimos realmente no Pai-nosso? O que é que Deus quer realmente?

4.1 A vontade salvífica de Deus

A *"vontade de Deus"* é aquilo que Deus quer que se cumpra e se torne realidade[19]. Fala-se certamente na tradição bíblica, com frequência, das exigências da aliança e dos "caminhos" que Deus quer que o povo siga fielmente. Mas tudo isto está orientado para a salvação que Deus quer para todos. Esse é o *"mistério de sua vontade"* (Ef 1,5) revelado plenamente em Jesus Cristo. Deus *"quer que todos os seres humanos se salvem e cheguem ao conhecimento da verdade"* (1Tm 2,4).

No Evangelho de João se afirma sempre de novo que essa é a vontade do Pai: *"Esta é a vontade de quem me enviou: que eu não perca nenhum daqueles que me deu, mas que o ressuscite no último dia. A vontade do Pai é que todo aquele que vê o Filho e acredita nele tenha a vida eterna"* (Jo 6,39-40). Este é o único desígnio de Deus: *"Deus não enviou seu Filho ao mundo para condená-lo, mas para que o mundo seja salvo por Ele"* (Jo 3,17).

Com esta petição, *"seja feita a tua vontade"*, repetimos e reforçamos a anterior: *"Venha a nós o teu reino"*. Este é o nosso grande desejo, constantemente repetido: que o Reino de Deus vá crescendo e chegue o quanto antes à sua plenitude. Que o projeto salvador de Deus se torne realidade. Que ninguém se perca e menos ainda os pequeninos, pois *"a vontade de vosso Pai celeste é que não se perca nem um só destes pequeninos"* (Mt 18,14).

---

19. O substantivo *thélema* não designa o ato de querer (*thélesis*), mas o objeto do querer, aquilo que se quer.

4.2 Que o Pai realize seus planos de salvação

Temos que tomar clara consciência do que pedimos. Não invocamos a Deus para que Ele mude e cumpra nossos desejos. Se rezamos é, precisamente, para que mudemos, auscultando os desejos de Deus. Não pedimos a Deus que Ele mude sua vontade para fazer a nossa, mas pedimos que *"seja feita a vontade dele"* que, em última análise, é nosso verdadeiro bem.

Isto significa reconhecer que o decisivo não é a nossa vontade. Nosso conhecimento da existência e nossos projetos são limitados, às vezes até equivocados. O importante é a vontade de Deus, vontade de salvação. A fé em Deus Pai desperta em nós "uma entrega humilde a um desígnio mais transcendente que envolve cada um de nós e toda a criação"[20]. Isto se traduz em aceitar os caminhos, às vezes misteriosos, de Deus, renunciando à nossa própria vontade e desejos. Devemos estar dispostos a assumir acontecimentos e experiências que não entenderemos, ou que não coincidirão com as nossas expectativas.

Mas fazer a vontade de Deus não significa anular a nossa vontade ou diminuí-la, mas orientá-la para o nosso verdadeiro bem. Não devemos esquecer que, ao amar-nos, Deus não busca seu próprio interesse, mas unicamente nosso bem e nossa felicidade. O que interessa unicamente a Deus somos nós. Cria-nos só por

---

20. BOFF, L. *El rostro materno de Dios*. Op. cit., p. 93.

amor e buscando nosso bem. Sua glória consiste em que o ser humano viva e alcance sua plenitude[21].

Por isso, quando dizemos *"seja feita a tua vontade"* não estamos renunciando aos nossos interesses e ao nosso próprio bem. Estamos pedindo nossa salvação, a de todos.

4.3 Na terra como no céu

Quando se fala, na linguagem bíblica, de *"céu e terra"*, o que se quer indicar é a totalidade de tudo que existe, a criação inteira[22]. Pedimos, portanto, a Deus que se faça sua vontade em todo lugar e sempre, que nada fique excluído, que ninguém se feche aos seus desígnios, que sua vontade de salvação abarque tudo.

Mas, como vimos na invocação inicial, o *"céu"* é o lugar próprio de Deus, enquanto a *"terra"* é o espaço dos seres humanos. Segundo esta perspectiva, pedimos que se realize entre os humanos o que se dá em Deus. A decisão já foi tomada no *"céu"* (Deus), mas deve ser executada na *"terra"* (entre os humanos). É isto que expressamos: que se realize na terra o desígnio que decidiste no céu; faça-se entre nós o que decidiste em teu coração, Pai, *Abba*[23]. É conhecido o comentário de

---

21. Cf. PAGOLA, J.A. Dios amigo. São Sebastião: Idatz, 1997, p. 12-16.
22. Por isso se diz que o Senhor *"fez o céu e a terra"* (Sl 54,3), ou que é *"Senhor do céu e da terra"* (Mt 11,25).
23. Cf. esta interpretação em MATEOS, J. & CAMACHO, F. *El Evangelio de Mateo* – Lectura comentada. Madri: Cristiandad, 1981, p. 68.

Orígenes: "Se fosse feita a vontade de Deus na terra como se faz no céu, a terra já não seria terra... seríamos então céu"[24].

4.4 Em obediência fiel ao Pai

Não é possível dizer, de coração, *"seja feita a tua vontade"* sem adotar uma postura de obediência ao Pai na vida diária. *"Não basta dizer: Senhor, Senhor, para entrar no Reino de Deus, mas é preciso fazer a vontade de meu Pai que está nos céus"* (Mt 7,21). O modelo é o próprio Jesus.

O objetivo de sua vida é precisamente fazer a vontade do Pai: *"Porque eu desci do céu não para fazer a minha vontade, mas a vontade de quem me enviou"* (Jo 6,38). É exclusivamente isto que Jesus procura fazer dia a dia: *"Não procuro a minha vontade, mas a vontade daquele que me enviou"* (Jo 5,30). Esta vontade do Pai não é um peso que Ele tem de suportar por obrigação, uma lei que pesa sobre Ele, mas o que alimenta sua vida e alenta seu ser: *"Meu alimento é fazer a vontade daquele que me enviou e completar a sua obra"* (Jo 4,34). Esta fidelidade ao Pai o mantém sempre em comunhão com Ele: *"Aquele que me enviou está comigo, não me deixou só, porque faço sempre o que agrada a Ele"*. Esta obediência nem sempre é fácil. Jesus experimentou em sua própria carne como é duro às vezes manter-se fiel à vontade do

---

[24]. *De oratione*, PG 11, p. 489-549. Traduzido em HAMMAN, A. *La prière*. Tournai: [s.e.], 1959, p. 68.

Pai. *"Embora fosse Filho de Deus, aprendeu a obediência por meio dos sofrimentos"* (Hb 5,8). Mas no meio do sofrimento manteve firme sua atitude de obediência: *"Pai, se este cálice não pode passar sem que eu dele beba, faça-se a tua vontade"* (Mt 26,42).

Jesus é o caminho a seguir. Fazer a vontade do Pai nos introduz numa relação nova e especial com Ele: *"Quem fizer a vontade de meu Pai que está nos céus, este é meu irmão, minha irmã e minha mãe"* (Mt 12,50). Viver a vontade do Pai exige discernir os caminhos de Deus e perguntar-nos qual é aqui e agora, em concreto, sua vontade. Como diz São Paulo, *"para que possais conhecer qual é a vontade de Deus: o que é bom, agradável e perfeito"* (Rm 12,2). Trata-se de *"chegar ao pleno conhecimento de sua vontade, com toda sabedoria e inteligência espiritual"* (Cl 1,9).

Tudo isto não pode ser fruto de nosso esforço. É Deus que pode realizá-lo em nós. *"Porque é Deus que realiza em vós o querer e o fazer, conforme a sua benevolência"* (Fl 2,13). Ele está na origem de tudo. Só com as nossas forças não podemos nada. É Ele que *"realiza em nós o que lhe é agradável"* (Hb 13,21). Por isso lhe pedimos que Ele cumpra sua vontade em nós. E o fazemos com o mesmo espírito de Maria: *"Faça-se em mim segundo a tua Palavra"* (Lc 1,38).

5
O *pão nosso de cada dia dá-nos hoje*

Com este pedido começa a segunda parte do Pai-nosso. Até agora a atenção estava centrada em Deus: "*Teu* nome", "*teu* reino", "*tua* vontade". Agora a atenção se dirige para nós mesmos: "*Nosso* pão", "*nossas* ofensas", "não *nos* deixes cair em tentação", "livra-*nos* do mal". Os grandes desejos expressos até agora diante de Deus não excluem, mas despertam, estas petições que respondem às necessidades mais básicas do ser humano.

À primeira vista, a primeira petição parece a mais simples. No entanto, ela oferece diversas dificuldades de interpretação e encerra uma densidade de conteúdos que é necessário captar para rezar o Pai-nosso conforme o Espírito de Jesus.

5.1 O pão

Pedir pão é um gesto próprio de pobres que não têm o que necessitam para viver. Na língua materna de Jesus, o pão significava "*alimento*" em geral, pois era o alimento básico e essencial dos israelitas. A vida depende do pão. O ser humano não pode subsistir sem alimentar-se. "O homem ou a mulher são muito mais do que o corpo, mas não existem sem o corpo; a vida humana é muito mais do que o pão, mas não se pode fazer nada sem o pão"[25].

Pedimos, pois, ao Pai o necessário para viver, o alimento indispensável do qual depende nossa vida. Não nos bastamos a nós mesmos. Necessitamos constantemente de alimento. Reconhecemos assim nossa dependência radical de Deus, inclusive para nosso sustento material. A vida e tudo que a alimenta provém, em última instância, de Deus. Nele depositamos nossa confiança: *"Quem dentre vós dará uma pedra a seu filho que pede um pão?... quanto mais o vosso Pai que está nos céus dará coisas boas aos que lhe pedirem"* (Mt 7,9-11). Quando pedimos pão ao nosso Pai Deus, estamos pedindo algo bom e necessário, o que necessitamos para viver.

5.2 O pão nosso

Pedimos o pão *"nosso"*, de todos, não o pão meu. Não é só minha necessidade particular e exclusiva que me move a dirigir-me a Deus, mas as necessidades de todos os meus irmãos, os homens e mulheres da terra. Está muito longe do Espírito de Jesus pedir ao Deus *Abba*, Pai querido de todos, pão para mim, esquecendo-me ou desentendendo-me dos outros como se não existissem. Nossa oração é sempre no plural. Pedimos a Deus o pão do qual cada ser humano necessita para viver.

---

25. BORRELL, A. Op. cit., p. 59.

Este pedido de pão para todos está nos urgindo à conversão. Não posso preocupar-me só com o meu pão. Não tenho o direito de pensar só em minha satisfação e bem-estar material, esquecendo esses milhões de seres famintos e desnutridos que não têm nem sequer o necessário para sobreviver. O pão que comemos explorando os pobres ou esquecendo os famintos não é um pão abençoado por Deus. Não tem a dignidade própria daqueles que se sentem irmãos. Enquanto não o compartilhamos com o faminto, não é um pão de Deus, nosso Pai. Enquanto houver alguém que continua passando fome e não tem nada para comer, o pão que eu guardo ou acumulo é um pão injusto.

Portanto, ao fazer esta petição não podemos ignorar a advertência dos profetas: *"Repartir o pão com o faminto, hospedar os pobres sem teto, vestir o desnudo e não recusar ajuda ao semelhante"* (Is 58,7). Nem a parábola de Jesus: *"Tive fome e me destes de comer, tive sede e me destes de beber"* (Mt 25,35).

5.3 O pão de cada dia

Pedimos a Deus o pão para o dia de hoje (Mateus), o pão de cada dia (Lucas), o pão indispensável de que necessitamos para subsistir hoje, no momento presente[26]. Portanto, o pedimos só para hoje, não para amanhã, sabendo que cada dia temos necessidade dele, mas sem

---

26. Mateus emprega a partícula grega *sémeron*, que significa "hoje". Lucas, por sua vez, utiliza a expressão *kath'emeran*, que significa "dia a dia" ou "cada dia".

a preocupação de acumular bens para o futuro. Essa é a advertência de Jesus: *"Não vos preocupeis dizendo: O que vamos comer? O que vamos beber? Com que vamos nos vestir?... Não vos preocupeis com o dia de amanhã, porque este terá suas próprias dificuldades. A cada dia basta o seu peso"* (Mt 6,31-34). É a oração que já fazia o sábio do Livro dos Provérbios: *"Não me dês riqueza nem pobreza, sustenta-me com meu pedaço de pão"* (Pr 30,8).

Não pedimos a Deus riquezas nem bem-estar, mas o necessário para alimentar-nos dia a dia, cobrindo nossas necessidades fundamentais. Essa petição, bem entendida, encerra muito mais do que uma demanda da ração de pão para cada jornada. Implica todo um estilo de viver de maneira sóbria e confiando plenamente no Pai. É a atitude daqueles que descobriram o Reino de Deus como seu único absoluto e não sabem viver para enriquecer.

Esta petição contém tal densidade evangélica que só podem pronunciá-la de coração aqueles que vivem servindo a Deus e não ao dinheiro (Lc 16,13), aqueles que *"buscam o Reino de Deus e sua justiça"*, sabendo que tudo o mais *"será dado de acréscimo"* (Mt 6,33), os que *"vendem tudo"* ao descobrir o valor do Reino de Deus (Mt 13,44-45), os que *"não levam bolsa nem alforje"* (Lc 10,4) enquanto caminham anunciando o reino. Os que vivem esta forma de vida entendem o pedido do pão de cada dia.

5.4 Não só de pão vive o ser humano

Ao pedir pão a Deus estamos reconhecendo nossa completa dependência dele, não só no nível do sustento material. Necessitamos também do pão da Palavra de Deus para alimentar nosso espírito, pois *"não só de pão vive o ser humano, mas de toda palavra que sai da boca de Deus"* (Mt 4,4). Ao pedir o pão de cada dia, pedimos também o Evangelho, a Palavra de Deus que alimenta nosso viver diário.

Mas, para o cristão, o verdadeiro pão é o próprio Cristo. *"Eu sou o pão da vida. Quem vem a mim já não terá fome, e quem crê em mim jamais terá sede"* (Jo 6,35). Só Cristo pode saciar a fome do coração humano. Nosso pedido pode ser mais concreto ainda, pois Cristo nos alimenta, sobretudo, com o pão eucarístico: *"Eu sou o pão vivo que desceu do céu. Se alguém comer deste pão viverá para sempre. E o pão que eu darei é minha carne para a vida do mundo"* (Jo 6,51).

O pedido de pão adquire assim uma riqueza extraordinária. Os diversos sentidos deste pedido podem ressoar simultaneamente e ser captados e vividos por quem pede ao Pai o pão de cada dia. Pedimos o sustento material e o alimento espiritual, tudo o que necessitamos para viver como seres humanos.

5.5 O pão da vida eterna

O termo grego *epiousios*, que de modo geral se entende como o pão cotidiano, o pão para o dia que "está existindo", também pode ser traduzido como o pão *"de amanhã"*. Pediríamos então a Deus o pão do futuro, o do banquete final, o pão da vida eterna.

É difícil conhecer o sentido exato desta expressão[27]. Certamente Jesus pôde referir-se ao pão da vida eterna. Em diversas parábolas Ele compara o reino definitivo de Deus com um banquete (Mt 22,1-4; Lc 14,16-24). Declara felizes aqueles que agora passam fome, porque um dia serão saciados (Lc 6,21). Anuncia que de toda parte virão para *"sentar-se à mesa"* com Abraão, Isaac e Jacó no Reino de Deus (Mt 8,11). Aos discípulos que perseveram com Ele nas provas, promete-lhes que *"comerão e beberão à sua mesa no reino"* (Lc 22,30). Por isso, um dia um dos comensais que estava à mesa com Jesus exclamou: *"Feliz aquele que comer pão no Reino de Deus"* (Lc 14,15).

No nosso pedido também pode e deve entrar este anseio do Reino definitivo. Desde agora desejamos o pão do reino, o pão da festa final. "Dá-nos já este pão", "que chegue já o Reino de Deus definitivamente". Queremos conhecer já o pão da vida eterna.

5.6 Dádiva de Deus e trabalho do ser humano

A vida e tudo que a alimenta é dádiva de Deus, mas também fruto do trabalho humano. O pão não cai milagrosamente do céu. Deus está à origem da vida, dele provêm a força e a energia que movem tudo, mas é necessário o trabalho do ser humano. A vida é dom

---

[27]. Na realidade, é um termo que não aparece em nenhum outro lugar da literatura grega. Presta-se a mais de uma etimologia e são possíveis diversas interpretações.

de Deus, nós não podemos criá-la do nada, mas somos chamados a trabalhá-la, transformá-la e melhorá-la.

Por isso o pão, símbolo da vida e de tudo que a alimenta, é uma realidade sagrada que, em muitos povos e culturas, é tratado com respeito e veneração[28]. O pão não se esbanja nem se trata de qualquer maneira, pois está associado ao mistério da vida. O pão é sinal do amor de Deus que alimenta a vida de seus filhos e filhas, mas também é símbolo do trabalho de homens e mulheres que, só com esforço e suor, o arrancam da terra.

---

28. Lembro-me como minha mãe traçava uma cruz sobre o pão antes de parti-lo e como nos fazia recolhê-lo e beijá-lo com respeito se alguma vez caísse no chão.

6

Perdoa-nos as nossas ofensas, assim como nós perdoamos a quem nos tem ofendido

Este pedido do perdão aparece literalmente nos evangelhos de outra maneira. Em Mateus é usada a terminologia da dívida: *"Perdoa-nos as nossas dívidas como nós perdoamos aos nossos devedores"* (Mt 6,12). Lucas, por sua vez, muda a palavra *"dívidas"* por *"pecados"*, para facilitar a compreensão de seus leitores gregos: *"Perdoa-nos os nossos pecados, pois também nós perdoamos a todos que nos ofenderam"* (Lc 11,4). Se quisermos entender bem essa petição devemos aprofundar-nos em nossas *"dívidas"* com Deus.

Por outro lado, o perdão que pedimos a Deus Pai está em íntima relação com o perdão que nós concedemos aos irmãos. Como devemos entender esta relação? Será que o nosso perdão aos irmãos é *a condição* necessária e indispensável para que Deus, por sua vez, nos perdoe? Ou será que é precisamente o *fruto* desse perdão de Deus que nos torna capazes de perdoar os outros?

6.1 Nossa dívida com Deus

Na tradição bíblica fala-se do pecado de formas bem diversas. O pecado é rebelião contra Deus, afastamento de seus caminhos, desobediência a seus mandamentos, infidelidade à sua aliança, recusa de seu amor, desvio de sua vontade, transgressão de seus preceitos... No Painosso considera-se o pecado como uma "dívida", um vazio, uma falta de resposta ao dom imenso de Deus.

Estamos em dívida com Deus. O grande pecado de toda humanidade é a falta de resposta ao seu amor de Pai. Nós cristãos ainda não assimilamos que, para Jesus, o verdadeiro pecado é a omissão. O servo da Parábola dos Talentos é condenado não por ter feito algum mal, mas por não ter feito render o que recebeu (Mt 25,14-30). O mesmo acontece com a *"figueira estéril"* (Lc 13,6-9) ou com o sarmento que *"não dá fruto"* (Jo 15,2). No último dia, seremos julgados não pelo mal que tenhamos cometido, mas pelo que *"deixamos de fazer"* com o faminto, o sedento, o forasteiro, o desnudo, o enfermo ou o encarcerado: *"Em verdade vos digo: o que deixastes de fazer a um desses pequeninos, foi a mim que não o fizestes"* (Mt 25,45).

Este é o nosso pecado: deixar de fazer, não corresponder, *"receber em vão a graça de Deus"* (2Cor 6,1). Este pecado não é transgressão de uma lei, mas é uma ofensa pessoal a um Pai do qual tudo recebemos, um Pai que espera ser amado *"com todo o coração, com toda a alma e com todas as forças"* (Dt 6,5; Mc 12,30 e par.), um Pai que só busca e quer que nos amemos como verdadeiros irmãos.

Nosso pedido de perdão só é possível se reconhecemos nosso pecado e nossa dívida: *"Se dizemos que não temos pecado, enganamos a nós mesmos e a verdade não está em nós"* (1Jo 1,8). Quem se considera justo e sem pecado porque não faz mal a ninguém, não sente necessidade de perdão nem conhece sua verdadeira realidade. Vive na falsa ilusão do fariseu da parábola que se acha santo diante de Deus. Só aquele que reconhece seu pecado exclama como o publicano: *"Ó meu Deus, tem piedade de mim, pecador"* (Lc 18,13).

Não devemos esquecer que continuamos rezando no plural. Pedimos a Deus perdão pelos pecados de toda humanidade. Todos necessitamos de perdão. Cada um pede perdão para si mesmo e para os demais. Todos compartilhamos a imensa dívida com Deus. Quem reza o Pai-nosso se vê a si mesmo imerso numa humanidade que está em dívida com Deus. Assim dizia Oseias contemplando seu país: *"Já não há fidelidade nem amor, nem conhecimento de Deus neste país"* (Os 4,1). Onde podemos encontrar nossa salvação? Só na misericórdia e no perdão de Deus.

6.2 Perdoa-nos

A partir dessa profunda convicção nasce nossa súplica: *"Perdoa-nos"*. Deus *Abba*, nosso Pai querido, é um Deus do perdão. Essa é a experiência dos crentes ao longo de toda a tradição bíblica: *"Tu és um Deus do perdão"* (Ne 9,17). *"Junto a ti se encontra o perdão"* (Sl 130,4). O Deus experimentado em Israel convida à confiança: *"O Senhor é clemente e misericordioso, lento para a cólera e rico de amor. Não está sempre acusando nem guarda rancor para sempre...; como se elevam os céus sobre a terra, assim se eleva seu amor sobre os que o temem; quanto dista o Oriente do Ocidente, tanto Ele afasta de nós nossas transgressões; como um pai ama os filhos com ternura, assim o Senhor se enternece por aqueles que o temem; porque Ele sabe de que somos feitos, lembra-se de que somos pó"* (Sl 103,8-13).

Jesus se apresenta como o Enviado por Deus para proclamar e tornar realidade o perdão infinito e insondável do Pai. Seu próprio nome "Jesus" indica que *"Ele salvará o povo dos pecados"* (Mt 1,21)."*Ele veio não para chamar os justos, mas os pecadores"* (Mc 2,17). Ele é *"o Cordeiro de Deus que tira o pecado do mundo"* (Jo 1,29). E seu sangue *"é derramado para o perdão dos pecados de todos"* (Mt 26,28).

O surpreendente em Jesus é que Ele, ao contrário dos profetas e do próprio Batista, oferece o perdão de Deus como um dom absolutamente gratuito e ilimitado. Deus perdoa sem limites, não só os pecadores que fazem penitência, mas também os publicanos e as prostitutas, os gentis e pagãos. Deus perdoa, além disso, sem exigir penitência prévia. Seu perdão é pura graça. É isto que escandaliza os fariseus: e Jesus responde às críticas insistindo constantemente em suas parábolas na bondade insondável de Deus Pai (parábolas do Filho Pródigo, da Ovelha Perdida e da Dracma Perdida (Lc 15,1-32). A este Deus suplicamos: *"Perdoa-nos!"*

6.3 Assim como nós perdoamos

O perdão de Deus aparece vinculado ao perdão que nós concedemos aos irmãos. Mas como devemos entender esta relação? Nosso perdão é a *condição* indispensável que se requer para que Deus nos conceda seu perdão, ou é *consequência* ou fruto do perdão que Deus nos concedeu previamente?

É claro que Jesus advertiu que para receber o perdão de Deus se requer que nós perdoemos nossos irmãos. Ele insiste nisto ao falar da oração: *"Quando vos puserdes em oração, perdoai, se por acaso tiverdes alguma coisa contra alguém, para que vosso Pai que está no céu vos perdoe os pecados"* (Mc 11,25). Mas é uma ideia que aparece repetidamente em sua pregação: *"Não julgueis e não sereis julgados; não condeneis e não sereis condenados; perdoai e sereis perdoados* (Lc 6,37). Também a encontramos nas bem-aventuranças: *"Bem-aventurados os misericordiosos, porque alcançarão misericórdia"* (Mt 5,7).

Ao expor o Pai-nosso, Mateus insiste de maneira especial na necessidade deste perdão aos irmãos. Imediatamente depois da oração do Pai-nosso, Jesus declara: *"Se perdoardes as ofensas dos outros, vosso Pai celeste também vos perdoará. Mas, se não perdoardes aos outros, vosso Pai também não vos perdoará as ofensas"* (Mt 6,14-15). Mas além disso se afirma que, ao fazer sua oração ao Pai, o discípulo *já* deve ter concedido seu perdão ao irmão: *"Perdoa-nos as nossas ofensas, assim como nós perdoamos aos que nos ofenderam"*

(Mt 6,12)[29]. É o mesmo que se diz ao falar da oferenda: *"Se estiveres diante do altar para apresentar tua oferenda e ali te lembrares de que teu irmão tem alguma coisa contra ti, deixa tua oferenda lá diante do altar, vai primeiro reconciliar-te com teu irmão e então volta para apresentar tua oferenda"* (Mt 5,23-24).

Tudo isto pode induzir-nos a erro. Nosso perdão ao irmão não é algo prévio que devemos fazer para merecer o perdão de Deus. O perdão do Pai é absolutamente gratuito, sem merecimento algum de nossa parte: *"Deus, rico em misericórdia, pelo grande amor com que nos amou, e estando nós mortos por nossos pecados, deu-nos vida por Cristo. Pela graça é que fostes salvos! E como Ele nos ressuscitou"* (Ef 2,4-6). Por outro lado, nós, com nosso perdão ao irmão, não podemos ser o modelo para que Deus por sua vez perdoe a nós. Ao contrário, é seu perdão que suscita em nós a capacidade de perdoar e de reproduzir para com os irmãos a mesma atitude que o Pai tem conosco. Assim se entendem as exortações entre os primeiros cristãos: *"Sede bondosos e compassivos uns para com os outros, perdoando-vos mutuamente, como Deus vos perdoou em Cristo"* (Ef 4,32). *"Como o Senhor vos perdoou, assim perdoai também vós"* (Cl 3,13).

---

29. Enquanto Lucas sempre utiliza o tempo presente, *"nos perdoamos"*, Mateus emprega o aoristo, *"nós temos perdoado"*.

6.4 O sentido de nosso pedido de perdão

Para entender bem nosso pedido de perdão devemos levar em conta vários aspectos.

É esclarecedor ter diante de nós o ensinamento da *Parábola do Devedor Cruel* (Mt 18,21-35). Aquele servo é perdoado por seu senhor, sem merecimento algum, de uma soma incalculável (dez mil talentos). Mas, enquanto está pedindo perdão para si, seu coração não se abre à compaixão e, de fato, quando se encontra com um companheiro que lhe deve uma quantia mínima (cem denários) não lhe perdoa. Assim declara o senhor: *"Servo miserável, eu te perdoei toda aquela dívida porque me suplicaste. Não devias tu ter compaixão do teu companheiro como eu tive de ti?"* (Mt 18,32-33). O perdão fica então anulado. A parábola conclui de forma clara: *"Assim também fará convosco meu Pai celeste, se cada um de vós não perdoar seu irmão de todo o coração"* (Mt 18,35).

Quem reza o Pai-nosso o faz consciente de que Deus já lhe ofereceu em Cristo gratuitamente seu perdão total. Mas o perdão de Deus e a eliminação do pecado em nós é um acontecimento que só pode operar-se por puro amor. Não é possível acolher o perdão de Deus, a não ser abrindo-nos a esse amor perdoador e criando em nós a mesma atitude. Quem aceita o perdão de Deus transforma-se e vive perdoando. Ao contrário, quem guarda rancor e continua pedindo contas aos outros, mostra que não se transformou e não acolheu o perdão de Deus.

Nossa oração não pode ser hipócrita. Não podemos ser desumanos e resistir a perdoar, precisamente quando estamos invocando para nós a misericórdia de Deus. Não posso adotar duas posturas diferentes: uma diante de Deus Pai, para pedir-lhe perdão e misericórdia para mim, e outra diante do irmão, para recusar-lhe o perdão. Se não perdoamos, é sinal de que nosso coração permanece fechado ao amor e, na mesma medida, fechado para receber o perdão de Deus.

Na realidade, nosso perdão não precede o perdão de Deus, mas o *nosso pedido* de perdão. Nosso perdão não é uma condição para que Deus nos perdoe, mas para que nosso pedido seja sincero. Se podemos dizer *"como nós perdoamos..."*, é porque já recebemos o perdão de Deus. É porque fomos perdoados pelo Pai que podemos perdoar aos irmãos, e porque podemos perdoar aos irmãos nos é permitido implorar a Deus sinceramente seu perdão definitivo.

Pronunciar sinceramente este pedido do Pai-nosso exige viver numa atitude prática de perdão, renunciando a toda vingança, perdoando incansavelmente *"até setenta vezes sete"* (Mt 18,22), amando inclusive os inimigos e orando pelos que nos perseguem para *"poder ser filhos do nosso Pai que está nos céus, que faz nascer o sol para bons e maus e chover sobre justos e injustos"* (Mt 5,45).

7
Não nos deixes cair em tentação

Chegamos aqui à única petição que tem uma formulação negativa. Conscientes de nossa fragilidade, pedimos ao Pai ajuda e força para não cair no pecado. Mas devemos entender bem esse pedido. Não suplicamos a Deus que nos liberte das tentações diárias, mas que não nos deixe cair na tentação radical e definitiva de recusar o Reino de Deus e abandonar a fé em Jesus Cristo[30].

7.1 Nossa fragilidade

O ser humano é livre e, embora condicionado por muitos fatores, pode decidir que orientação dar à sua vida. Mas, ao mesmo tempo, é um ser radicalmente frágil, ameaçado de dentro e de fora, exposto a todo tipo de perigos e riscos que podem arruinar seu projeto de vida.

---

[30]. Enquanto as orações judaicas acabavam quase sempre com um louvor a Deus, o Pai-nosso termina com um grito de socorro ao Pai que continua ressoando em nossas vidas.

De fato, em toda pessoa convivem duas tendências profundamente contraditórias. De um lado, a tendência a fazer o bem, a buscar o justo, a amar, a viver em comunhão de maneira fraterna. De outro lado, a tendência a deixar-se arrastar pelo mal, a viver encerrado no egoísmo e na insolidariedade, a atuar de maneira injusta e violenta. Por isso São Paulo fala das obras que fazemos movidos pela *"carne"* e dos frutos que brotam do *"espírito"* (Gl 5,19-22).

O *"mistério do mal"* nos ameaça sempre. Em qualquer momento podemos cair no egoísmo e na infidelidade. São Paulo fala de uma experiência pessoal que cada um pode experimentar em si mesmo: *"Quando quero fazer o bem, é o mal que se apresenta. No íntimo de meu ser amo a Lei de Deus, mas sinto no meu corpo outra lei que luta contra a lei de minha razão e me prende à lei do pecado que está no meu corpo"* (Rm 7,21-23). A partir desta estrutura frágil e sempre ameaçada brota nossa súplica de ajuda.

7.2 A tentação

A palavra grega que se encontra no original (*peirasmós*) pode significar *"prova"*, isto é, uma experiência que, inclusive, sendo dura e difícil, pode ajudar a crescer no bem. Na tradição bíblica fala-se com frequência destas provas. Deus mesmo faz o povo caminhar pelo deserto durante quarenta anos *"para prová-lo e conhecer o que há em seu coração"* (Dt 8,2). Os crentes de Israel consideram este tipo de provas como algo positivo. Judite afirma:

"Demos graças ao Senhor nosso Deus que nos submete a provações como fez com os nossos antepassados" (Jt 8,25). E um orante chega a dirigir-se a Deus nestes termos: *"Examina-me, Senhor, e submete-me à prova, sonda meus rins e meu coração"* (Sl 26,2).

Mas o termo original pode também significar *"tentação"*, isto é, uma incitação ao mal. Entendida assim, trata-se de uma situação ou de uma experiência que se encaminha para fazer cair no pecado Nesta petição do Pai-nosso, sem dúvida se está pensando nesta tentação de índole maligna.

Não se trata, porém, das pequenas tentações de cada dia, mas da tentação de recusar a Deus, de fechar-nos ao seu amor, ao seu reino e à sua justiça, para substituí-lo por nosso próprio egoísmo[31]. Jesus fala muito da "tentação final", quando vai chegar a hora de satã ou do poder das trevas, quando podemos ser invadidos pela dúvida total e pela tentação do abandono. Sua exortação é clara: *"Vigiai sempre e orai para poder escapar de tudo que há de vir e apresentar-vos sem temor diante do Filho do Homem"* (Lc 21,36).

Essa tentação final, de caráter escatológico, concentra-se, por assim dizer, e se torna realidade para cada indivíduo em sua própria vida concreta. O próprio Jesus a viveu no momento de sua paixão, ao experimentar a rejeição do povo, a infidelidade dos discípulos e inclusive o abandono de Deus.

---

[31]. O texto não fala de "tentações", no plural, mas de "tentação", no singular.

7.3 Não nos deixes cair

No texto original pede-se a Deus literalmente que *"não nos faça entrar na tentação"*, como se fosse Deus mesmo quem nos induz ao mal. Mas uma tentação, como a que descrevemos, não pode ser provocada por Deus: *"Quando alguém se vê tentado, não diga que Deus o tenta, porque Deus não é tentado pelo mal nem tenta ninguém. A tentação vem a cada um quando seu próprio desejo o arrasta e o seduz"* (Tg 1,13-14). Ao contrário, Deus é aquele que, no meio das provas, dá forças para que possamos superá-las: *"Deus é fiel. Ele não permitirá que sejais tentados acima de vossas forças; mas, com a tentação, Ele dará os meios para que possais resistir-lhe"* (1Cor 10,13).

É isto, precisamente, que pedimos a Deus. Embora a formulação original possa resultar equívoca, o sentido é claro[32]. Pedimos a Deus que *"não nos deixe ceder à tentação"*. Não pedimos para não ser tentados, mas para não sucumbir, não cair na armadilha da tentação. Que a tentação se resolva com êxito de nossa parte. Que, quando chegar a tentação, Deus nos dê forças e impeça que caiamos derrotados. É a mesma ideia que aparece na oração de Jesus: *"Não estou pedindo que os tires do mundo, mas que os guardes do mal"* (Jo 17,15).

---

32. O aramaico não distingue entre as formas "fazer" e "deixar fazer". Aqui o sentido é: *"Fazei que não entremos ou caiamos em tentação"*, ou, de modo mais castelhano, *"não nos deixeis cair ou ceder à tentação"*. Cf. MATEOS, J. & CAMACHO, F. *El Evangelio de Mateo*. Op. cit., p. 69.

Desta maneira, rezando o Pai-nosso seguimos a advertência de Jesus: *"Vigiai e orai para não cairdes em tentação. O espírito está pronto, mas a carne é fraca"* (Mc 14,38). Temos consciência da força do mal que sempre ameaça a nossa fé, pequena e frágil, mas recorremos confiantes a Deus para pedir sua bondosa proteção. Mesmo no meio da tentação e do mal, podemos contar com Deus, nosso Pai querido, e com sua força poderosa frente ao mal.

7.4 Vigiar e orar

Segundo Jesus, a atitude do crente diante da tentação deve ser dupla: *"Vigiar e orar"*. Isto significa, antes de tudo, tomar consciência de nossa própria fraqueza. Não cair no orgulho ou na autossuficiência, nem tampouco na inconsciência. Saber que precisamos vigiar e orar, isto é, manter ativa nossa liberdade pessoal e confiar na graça de Deus, nosso Pai.

Vigiar significa ser lúcidos, manter-nos despertos, viver atentos. Jesus convida a *"vigiar constantemente"*. Deus não substitui nossa responsabilidade. Temos de viver sem nunca afrouxar diante do mal, combatendo com todas as nossas forças, reafirmando-nos constantemente na fé. *"Quem perseverar até o fim, será salvo"* (Mc 13,13).

Mas esta atitude vigilante deve vir acompanhada pela oração. Nossa fragilidade é grande. Só com a força de Deus em nós podemos vencer. Desta confiança brota nossa oração. O mal não tem a última palavra:

"O mal no mundo permanece subordinado a um plano superior que é o do nosso Pai"[33]. O mal não é tão poderoso que Deus não possa dominá-lo.

---

33. SCHÜRMANN, H. Op. cit., p. 99.

8

Livra-nos do mal

A última petição é um grito de socorro dirigido a Deus, nosso Pai. Um grito conciso e premente: *"livra-nos do mal"*. Só Mateus acrescenta esta súplica que, sem dúvida, tem muita relação com o pedido anterior, embora tenha sua própria entidade[34]. Devemos entender bem esta súplica final ao Pai do céu. Não pedimos a Deus que nos livre dos males, problemas e dificuldades de cada dia, para poder viver de maneira tranquila e despreocupada. O que pedimos ao Pai é que nos livre do mal que pode afastar-nos do Reino de Deus e da vida.

8.1 O mal
O termo original pode ser entendido de forma personalizada: *"Livra-nos do Mal"*, ou de forma impessoal: *"Livra-nos do mal"*[35]. Qual é o significado preciso?

---

34. Embora existam exegetas que consideram o final do Pai-nosso como uma única petição composta de dois membros: *"Não nos deixes cair em tentação, mas livra-nos do mal"*, a presença de dois imperativos, *"não nos deixes cair"* e *"livra-nos"*, leva a maioria a falar de dois pedidos diversos.

35. O genitivo grego *tou ponerou* pode corresponder a um nominativo masculino *ho ponerós* (o maligno), ou também a um nominativo neutro, *ho ponerón* (o mau, o mal).

Nos evangelhos fala-se com frequência do *"maligno"* que luta contra o reinado de Deus. É chamado *"o tentador"* (Mt 4,3), *"o inimigo"* (Mt 13,39), *"homicida e mentiroso"* (Jo 8,44), *"príncipe deste mundo"* (Jo 12,31). É ele que *"arranca"* a Palavra de Deus semeada no coração das pessoas (Mt 13,19), ele que *"semeia cizânia"* no meio do trigo do reino (Mt 13,25). Esta presença do maligno é misteriosa e ambígua. Por um lado, seu poder está vencido. Jesus o vê *"cair do céu como um raio"* (Lc 10,18). Por outro lado, está entre nós, *"ainda que lhe reste pouco tempo"* (Ap 12,12).

Há muitos indícios para pensar que, no Pai-nosso, originalmente se pede a Deus que nos livre da força e do poder hostil deste maligno[36]. Mas também se pode entender de forma impessoal, como o faz a versão popular e litúrgica atual: "Livrai-nos do mal, do pecado, do que se opõe ao Reino de Deus". Por outro lado, não é fácil decidir se o maligno deve ser entendido hoje como um personagem concreto, ou como a personificação ou encarnação das forças do mal[37].

8.2 Arranca-nos do mal

Seja como for, não é difícil entender o nosso pedido. Sabemos que a criação é boa, pois assim nasceu das mãos do Pai (Gn 1,31). Mas constatamos com dor a

---

[36]. Assim o entenderam unanimemente os Padres Gregos que conhecem melhor os matizes de sua língua materna.

[37]. Cf. sobre esta temática HAAG, H. *El diablo*: su existencia como problema. Barcelona: Herder, 1978. ♦ SCHWAGER, R. "¿Quién o qué es el diablo?" *Selecciones de Teología*, 130, 1994, p. 136-140.

presença obscura do mal: o pecado, a injustiça, a fome, as desgraças, a doença, a morte... O mal causado livremente pelos seres humanos, o mal que tem sua origem na finitude do mundo, o mal misterioso e difuso que impregna o mundo e a história. Por que este mal? Donde ele provém? Que sentido pode ter? Esta é a grande pergunta que o ser humano não sabe responder.

No Pai-nosso não nos dedicamos a especular. O que primeiro nasce em nós é um grito confiante ao Pai: *"Livra-nos do mal"*. E o fazemos sabendo que somos *responsáveis* pelo pecado que existe no mundo, mas também somos *vítimas* dele. O pecado e a maldade não estão só no coração das pessoas. O pecado já está encarnado nas estruturas e na própria dinâmica da história humana. O mal se perpetua nas instituições, nos sistemas injustos, nas culturas e nos costumes imorais. Podemos falar de um pecado que nos ultrapassa, mas que está atuando contra o Reino de Deus e contra o ser humano. São João o chama *"o pecado do mundo"* (Jo 1,29)[38].

Ao pedir a Deus que nos *livre* do mal não lhe pedimos propriamente que nos liberte do cativeiro ou da escravidão do mal. Segundo o significado mais preciso do termo grego, pedimos que nos *arranque* do mal que nos espreita, que nos salve a tempo do perigo, que não nos abandone ao poder desse mal que parece invadir a história e penetrar tudo.

---

38. SCHOONENBERG, P. "El pecado del mundo". *Mysterium Salutis*, II. Madri: Cristiandad, 1977, p. 684-694.

O mal está aí com todo o seu poder. Mas a atitude do crente não é de medo, e sim de uma grande confiança no Pai. Sabemos que Ele já atuou: *"Arrancou-nos do poder das trevas e transportou-nos para o Reino de seu Filho amado no qual temos a libertação, o perdão dos pecados"* (Cl 1,13). Já fomos salvos: *"Jesus, o Cristo, entregou-se por nossos pecados, para livrar-nos da maldade deste século, segundo a vontade de nosso Deus e Pai"* (Gl 1,4). Mas, ainda que não tenha a última palavra, o mal continua atuando. A criação está ainda *"aguardando a plena manifestação dos filhos de Deus"*, vivemos com a esperança de que um dia *"será também ela libertada do cativeiro da corrupção para participar da liberdade gloriosa dos filhos de Deus"* (Rm 8,19-21). Enquanto esperamos, prosseguimos pedindo ao Pai sua proteção salvadora.

8.3 Nossa luta contra o mal

Não pedimos a ajuda do Pai só para nós, exclusivamente, mas para toda a humanidade. E o fazemos de maneira confiante e responsável.

Quem pede a libertação do mal deve estar disposto a lutar contra ele com todas as suas forças, seguindo a Jesus que não ofereceu uma doutrina teórica sobre o mal, mas se entregou para fazer o bem e para libertar as pessoas do sofrimento, da injustiça e do pecado. Para São Paulo só há uma maneira de lutar contra o mal, e é *"fazer o bem"*. Estas são as suas exortações: *"Não te deixes vencer pelo mal, mas triunfa do mal com o bem"* (Rm 12,21); *"Cuidai que ninguém pague o mal com o mal, mas procurai sempre o bem uns dos outros e de todos*" (1Ts 5,15); "*Não ofereçais vossos membros ao pecado como instrumentos do mal. Oferecei-vos a Deus como mortos que voltam à vida e dai vossos membros a Deus como instrumentos de justiça*" (Rm 6,13).

O crente luta contra o mal com sua confiança em Deus Pai. Ele é "*aquele que livra de todo mal*" (Sb 16,8). É um "*Deus fiel que nos chamou à comunhão com Jesus Cristo seu Filho e Senhor nosso*" (cf. 1Cor 1,9). Quem reza o Pai-nosso o faz com esta convicção: "*Se Deus está a nosso favor, quem poderá estar contra nós?*" (Rm 8,31).

A primeira palavra do Pai-nosso é "*Pai*"; a última é "*mal*". O Pai-nosso é a oração confiante de um filho que eleva sua oração ao Pai ao ver-se ameaçado pelo mal. "*Pai, livra-nos do mal*". Este é o grito que fica ressoando em nosso coração. Como diz H. Schürmann, o Pai-nosso tende a converter-se numa oração que não tem fim[39]. Quem pronuncia de coração esta última súplica pode começar de novo a expressar ao Pai os grandes desejos do começo: "*Santificado seja o teu nome, venha a nós o teu reino...*" Jesus concebeu o Pai-nosso como uma oração para ser rezada diariamente por seus discípulos, pois resume e expressa o espírito com o qual deve viver seu verdadeiro seguidor.

---

39. H. Schürmann (Op. cit., p. 105) fala do Pai-nosso como de "uma oração circular, perpétua, cujo final convida em seguida a começar de novo".

9

Amém

Tradicionalmente se faz o Pai-nosso terminar com a palavra *"amém"* que não aparece no texto original dos evangelhos[40]. Esta palavra, utilizada no culto da sinagoga, vem de uma raiz hebraica que sugere a ideia de verdade, segurança, firmeza, confiança. Embora a entendamos às vezes como a simples expressão de um desejo – "assim seja" –, na realidade significa algo como *"certamente"*, *"verdadeiramente"*, *"assim é"*, *"assim há de ser"*.

Nosso *"amém"* no final do Pai-nosso serve para reforçar e reafirmar o que saiu de nossos lábios. Pronunciamos de dentro do nosso íntimo a oração ensinada por Jesus. Agora, ao terminá-la, dizemos: "Sim. Assim é. Assim há de ser. Assim quero orar sempre. Assim quero viver, com uma confiança total em Deus, nosso Pai, glorificando seu nome, acolhendo seu reino, fazendo sua vontade, recebendo dele o pão, o perdão e a força para vencer o mal. *Amém*, sim, *amém*".

---

40. O Pai-nosso da Eucaristia é seguido também por uma "glosa" ou oração que se acrescenta para desenvolver algum aspecto. Assim, a oração *"livra-nos, Senhor..."* comenta e desenvolve a última petição: *"Livra-nos do mal"*.

Salmos para rezar o Pai-nosso

1

Pai-nosso que estás no céu

1.1 Temos um Pai no céu

Às vezes te sentes só. Parece que ninguém te compreende nem te ama de verdade. No entanto, não é assim. Deus te acompanha de perto. Não te esquece nem por um instante. Dize-lhe com fé: *"Não tenho a ti no céu?... Para mim a felicidade é estar perto de Deus, fazer do Senhor meu refúgio* (73). *Tu és meu Senhor, meu único bem* (16).

Esse Deus do céu te ama com coração cheio de ternura. *Como um pai ama os filhos com ternura, assim o Senhor se enternece por ti* (103). Deus é teu Pai. Deves senti-lo sempre assim. Desfruta de seu amor. Reza lentamente: *Teu amor vale mais do que a vida* (63).

Mas Deus não é só teu Pai, é Pai de todos os homens e mulheres. *Ele nos fez e somos seus* (100). Fala com Deus sempre no plural, como nos ensinou Jesus: "Pai-nosso". *Ele é bom para com todos e cheio de misericórdia para com todas as criaturas* (145). Reaviva tua fé e dize a Ele o que sentes: *Como te amo, Senhor!* (18).

* * *

Se Tu, a quem eu tenho no céu,
estás comigo, nada mais desejo na terra...
Para mim, minha felicidade é estar perto de Deus,
em ti, Senhor Deus, ponho o meu refúgio.
(Salmo 73)

Guarda-me, ó Deus, pois em ti busco refúgio.
Digo ao Senhor: Tu és meu dono,
fora de ti não há felicidade para mim.
(Salmo 16)

Teu amor vale mais do que a vida,
meus lábios te louvarão.
Assim, eu te bendirei durante a minha vida,
ao teu nome erguerei as mãos.
(Salmo 63)

Como o pai ama os filhos com ternura,
assim o Senhor se enternece por aqueles que o temem,
pois Ele sabe de que fomos feitos,
lembra-se de que somos pó.
(Salmo 103)

Se meu pai e minha mãe me abandonarem,
o Senhor me acolherá.
(Salmo 27)

Quão precioso é o teu amor, ó Deus.
Contigo está a fonte de vida.
(Salmo 36)

Aclamai o Senhor, terra inteira...
Reconhecei que o Senhor é Deus:
Ele nos fez e somos seus.
(Salmo 100)

Que bondade tão grande, Senhor,
é esta que reservas àqueles que te temem,
com que favoreces os que em ti se refugiam.
(Salmo 31)

Antes que nascessem os montes
e que gerasses terra e mundo,
desde sempre e para sempre Tu és Deus.
(Salmo 90)

Eu te amo, Senhor, minha força.
Tu és minha fortaleza, Senhor, meu rochedo e meu libertador.
Deus meu, a rocha em quem me refugio,
meu escudo, a força de minha salvação...
(Salmo 18)

O Senhor é bom para todos,
e cheio de misericórdia para todas as criaturas.
(Salmo 145)

Deus é meu auxílio,
o Senhor é o meu apoio.
(Salmo 54)

Como o Senhor é bom!
Feliz aquele que nele se refugia.
(Salmo 34)

Estou como a criança
saciada no colo de sua mãe.
(Salmo 131)

Tu, sim, és bom.
(Salmo 52)

1.2 Nele depositamos nossa confiança

Tens medo de Deus? Onde poderias estar mais seguro? Quem pode amar-te mais? Desperta tua confiança. Começa sempre tua oração ao Pai do céu com um grito confiante: *A ti, Senhor, elevo minha alma. Em ti, meu Deus, confio* (25).

Não sintas nunca Deus longe ou distante. Deus não está encerrado em um templo. Não é propriedade de ninguém. Está no céu. Deus é de todos. De qualquer lugar e em qualquer momento podes invocá-lo com fé: *Tua bondade e misericórdia me acompanham todos os dias de minha vida* (23).

Vive com confiança. O que pode acontecer-te? O que podem fazer-te? *Deus é teu apoio* (54). É teu Pai. Também nos momentos difíceis podes recorrer a Ele: *Não me ocultes tua face... Faze-me ouvir teu amor, pois é em ti que eu confio...* (143).

* * *

Nossa alma espera no Senhor:
Ele é nosso amparo e nosso escudo.
Com Ele se alegra nosso coração,
porque confiamos em seu santo nome.
Tua misericórdia, Senhor, esteja sobre nós.
(Salmo 33)

A ti, Senhor, elevo minha alma.
Em ti, meu Deus, confio;
que eu não fique decepcionado.
(Salmo 25)

O Senhor me escuta,
quando chamo por Ele...
(Salmo 4)

Eu confio no Senhor.
Danço de alegria por causa de tua misericórdia.
(Salmo 31)

Estendo para ti minhas mãos;
como terra seca, minha alma está sedenta de ti.
Responde-me depressa, Senhor,

meu espírito desfalece.
Não me ocultes tua face...
Faze-me ouvir teu amor,
pois é em ti que eu confio.
(Salmo 143)

Ainda que eu ande por um vale de espessas trevas,
não temo mal algum, porque Tu estás comigo...
Tua bondade e amor certamente me acompanharão
todos os dias de minha vida.
(Salmo 23)

Deus é quem me ajuda.
O Senhor está com os que me apoiam.
(Salmo 54)

1.3 Somos todos irmãos

Não rezes o Pai-nosso encerrado em teu pequeno mundo de interesses. Expande teu coração. Invoca o Pai do céu sentindo-te bem unido a toda a família humana. Somos todos irmãos e irmãs, filhos do mesmo Pai. Não peças só por ti. Pede a Deus por todos. *Que o Senhor nos abençoe a todos... tanto os pequenos como os grandes* (115).

Contempla o mundo com os olhos de Deus. *O Senhor olha do céu... e observa todos os habitantes da terra* (33). Ele os conhece e os ama. *Ele molda para eles um mesmo coração e está atento a tudo o que fazem* (33). Desperta teu amor a todos, pois são tua família.

Pensa sobretudo nos que sofrem ou vivem sozinhos, os que não têm ninguém que os defenda, nos que morrem de fome e de miséria, nos que não conhecem o pão nem a amizade. Sintoniza com o coração de Deus: *Senhor, vês a tribulação e as mágoas dos humildes, Tu os observas para retribuir com tua mão* (10).

***

O Senhor olha do céu
e vê toda a humanidade.
Do lugar de sua morada Ele observa
todos os habitantes da terra.
Ele molda para eles um mesmo coração
e está atento a tudo o que fazem.
(Salmo 33).

Tu vês as tribulações e as mágoas dos humildes,
observas para retribuir com tua mão;
é a ti que se encomenda o desamparado,
porque do órfão és Tu o protetor...
Tu escutas o anseio dos humildes,
confortarás seu coração e lhes prestarás ouvido.
(Salmo 10)

Olhai humildes e alegrai-vos...
Pois o Senhor ouve os pobres,
e não rejeita os seus, quando cativos.
Louvem-no céus e terra!
(Salmo 69)

Quem é como o Senhor nosso Deus,
que tem seu trono nas alturas
e baixa seu olhar sobre o céu e a terra?
Ele levanta do pó o desvalido,
tira do lixo o pobre.
(Salmo 113)

Feliz aquele que espera no Senhor, seu Deus,
que fez o céu e a terra...
Ele que guarda fidelidade para sempre,
que faz justiça aos oprimidos,
dá pão aos que têm fome.
O Senhor liberta os prisioneiros,
o Senhor abre os olhos dos cegos,
o Senhor endireita os encurvados,
o Senhor ama os justos,
o Senhor protege os imigrantes,
ampara o órfão e a viúva,
mas confunde o caminho dos ímpios.
(Salmo 146)

Senhor, quem é semelhante a ti,
que livras o desvalido do mais forte que ele,
e o miserável e o pobre de quem o explora?
(Salmo 35)

O Senhor se lembra de nós
e nos abençoará...
Abençoará os que temem o Senhor,
tanto os pequenos como os grandes.
(Salmo 115)

Venha logo ao nosso encontro tua compaixão,
pois estamos profundamente abatidos.
(Salmo 79)

Socorro, Senhor! Pois acabaram-se os devotos,
desapareceram os fiéis dentre os homens,
proferem mentiras uns aos outros,
falam com lábios lisonjeiros,
mas com duplicidade de coração.
(Salmo 12)

2

Santificado seja o teu nome

2.1 Que todos reconheçam a grandeza de Deus

Que nome podemos dar a Deus? Todos parecem tão pequenos. Deves chamá-lo simplesmente de *"Pai"*, como Jesus fazia. Não digas nada mais. Adora sua grandeza insondável. Dize-lhe pausadamente: Pai nosso, *Tu és grande... só Tu és Deus* (86).

Nem todos reconhecem a Deus. Muitos o esquecem ou duvidam dele, alguns o recusam, mas não poucos o buscam, às vezes até sem sabê-lo. Dize a Deus o que deseja tua alma: *Exultem de alegria, por causa de ti, todos os que te procuram e digam sem cessar: Grande é o Senhor!* (40).

Deixa a alegria inundar teu coração. Conheces a grandeza imensa de Deus. Proclama com alegria: *Bendito seja o nome do Senhor, desde agora e para sempre* (113). Toda a tua vida pode ser louvor incansável a Deus nosso Pai: *Todos os dias te bendirei, louvarei teu nome para todo o sempre* (145).

* * *

Engrandecei comigo o Senhor
e exaltemos juntos o seu nome!
(Salmo 34)

Bendito seja o nome do Senhor
desde agora e para sempre.
Desde o nascer do sol até o ocaso,
louvado seja o nome do Senhor!
(Salmo 113)

Todas as nações que fizeste virão prostrar-se diante de ti,
Senhor, e glorificar teu nome.
Pois Tu és grande e fazes maravilhas,
só Tu és Deus.
(Salmo 86)

Todos os dias te bendirei,
louvarei teu nome para todo o sempre.
Grande é o Senhor e mui digno de louvor;
sua grandeza é insondável.
(Salmo 145)

Senhor, nosso Deus,
como é magnífico teu nome por toda a terra.
E tua majestade se situa acima dos céus.
(Salmo 8)

Dai graças ao Senhor, invocai seu nome,
divulgai seus feitos entre os povos...

Gloriai-vos em seu santo nome!
Exulte o coração dos que buscam o Senhor.
Procurai o Senhor e seu poder,
buscai sempre sua face.
(Salmo 105)

Nós te damos graças, ó Deus, te damos graças,
invocando teu nome, contando tuas maravilhas...
Desde sempre e para sempre Tu és Deus.
(Salmo 90)

Exultem de alegria, por causa de ti,
todos os que te procuram.
Os que amam tua salvação digam sem cessar:
Grande é o Senhor!
(Salmo 40)

Louvai o Senhor, porque Ele é bom...
Pois eu sei que o Senhor é grande,
o Senhor supera todos os deuses.
(Salmo 135)

2.2 Que todos experimentem como Deus é bom

Quantas vezes já experimentaste o carinho e a ternura de Deus... Sabes como Ele é bom. O melhor que encontraste em tua vida. Basta ouvir o nome de Deus para lembrar sua bondade. Confessa-o com alegria: *Louvai o nome do Senhor... porque Ele é bom* (135).

Como desejarias que todos conhecessem a bondade de Deus, que experimentassem Deus como o melhor amigo, o único que pode salvar-nos. Que ao ouvir seu nome o sentissem como Pai. *Cantai ao Senhor, bendizei seu nome, proclamai dia após dia sua salvação* (96).

* * *

Louvai o nome do Senhor...
Louvai o Senhor, porque Ele é bom.
(Salmo 135)

Nossa alma espera no Senhor:
Ele é nosso amparo e nosso escudo.
Com Ele se alegrará nosso coração,
porque confiamos em seu santo nome.
(Salmo 33)

Cantai ao Senhor um cântico novo!
Cantai ao Senhor, terra inteira!
Cantai ao Senhor, bendizei seu nome,
anunciai dia após dia sua salvação.
(Salmo 96)

Confio na bondade divina para todo o sempre.
Vou te dar graças sem cessar,
porque agiste.
Vou esperar em teu nome,
porque és bom para os teus fiéis.
(Salmo 52)

De todo coração te darei graças, Senhor, meu Deus,
e glorificarei para sempre o teu nome.
Pois teu amor é tão grande para comigo...
(Salmo 86)

Cantai salmos ao Senhor vós, seus fiéis,
louvai-o, lembrando sua santidade,
porque sua ira dura apenas um momento,
mas sua benevolência, a vida inteira.
(Salmo 30)

Salva-nos, Senhor, nosso Deus...,
para darmos graças a teu santo nome,
gloriando-nos no teu louvor.
(Salmo 106)

2.3 Que Deus cuide de seu bom nome

Ao rezar o Pai-nosso não penses em teus pequenos interesses. Busca a glória de Deus: que Ele mesmo espalhe seu amor por toda a terra. Assim se verá a grandeza de Deus. *Não a nós, Senhor, não a nós, mas ao teu nome dá glória, por teu amor e por tua fidelidade* (115).

Deus nos ama como ninguém. Não há outro igual. Contempla o mundo envolto secretamente por sua bondade. Pede a Deus que todos possam notá-lo. *Mostra... que teu amor se eleva até os céus e tua fidelidade até às nuvens* (57).

Hoje vivemos envoltos em problemas e sofrimentos. Não sabemos o que é viver em plenitude. Mas um dia conheceremos o poder salvador de Deus. Não é uma ilusão que tens. Grita-lhe com fé: *Salva-nos, Senhor nosso Deus... para darmos graças a teu santo nome* (106).

* * *

Não a nós, Senhor, não a nós,
mas ao teu nome dá glória,
por teu amor e por tua fidelidade.
(Salmo 115)

Teu amor se eleva até os céus
e tua fidelidade até às nuvens.
Ó Deus, eleva-te sobre os céus
e sobre toda a terra com tua glória.
(Salmo 57)

Ó Deus, eleva-te sobre os céus
e sobre a terra, com tua glória!
Salva-nos com tua mão direita e responde-nos!
(Salmo 108)

Quando o Senhor aparecer em sua glória,
vai voltar-se para a oração dos espoliados
e não rejeitará sua prece.
(Salmo102)

Salva-nos, Senhor nosso Deus...
para darmos graças a teu santo nome,
gloriando-nos no teu louvor.
(Salmo 106)

Ele enviou a seu povo a redenção,
promulgou para sempre sua aliança.
Seu nome é santo e temível.
(Salmo 111)

O Senhor é bom para com todos
e cheio de misericórdia para todas as criaturas.
Todas as tuas obras, Senhor, te darão graças,
e mencionarão a glória de teu reino.
(Salmo 145)

3

Venha a nós o teu reino

3.1 Venha a nós o teu reino

Venha a nós o teu reino. Sabes que era esse o maior desejo de Jesus. Seu pedido mais ardente ao Pai: queria ver Deus reinando no mundo, colocando justiça, amor e ternura entre os seres humanos. Cada vez que rezas o Pai-nosso deve também crescer em ti este desejo: *O Senhor vem para governar a terra. Governará o mundo com justiça e os povos com retidão* (98).

No entanto, o que vês é que no mundo reina a injustiça, os abusos e a mentira. As pessoas se odeiam, prejudicam e se matam umas às outras. Não aceitamos Deus como Pai e não nos tratamos como irmãos. Como te sentes diante de tudo isto? Abre teu coração a Deus: *Meus olhos se consumiram aguardando tua salvação e tua promessa de justiça* (119).

Não deixes de invocar a Deus nosso Pai. Quando vês a força do mal, mostra tua angústia a Deus: *Será que o Senhor nos abandonou para sempre?... Será que já se esgotou sua misericórdia? Terminou para sempre sua promessa?* Quando vês homens e mulheres lutando por um mundo mais justo, desperta tua esperança:

Eu confio em tua bondade: meu coração exulta com tua salvação! (13).

* * *

Será que o Senhor nos rejeitará para sempre
e não voltará mais a nos ser favorável?
Será que sua fidelidade se esgotou de todo,
terminou sua promessa para as gerações?
Será que Deus se esqueceu de ter compaixão
ou a cólera fechou-lhe as entranhas?
(Salmo 77)

Meus olhos se consomem
aguardando tua salvação e tua promessa de justiça.
(Salmo 119)

Eu confio em tua bondade,
meu coração exulta com tua salvação.
(Salmo 13)

Desperta teu poder e vem salvar-nos.
Restaura-nos, ó Deus:
faze brilhar tua face e seremos salvos!
(Salmo 80)

Ó Deus, mostra tua força
que usaste em nosso favor.
(Salmo 68)

Há muitos que dizem:
"Quem nos dera ver a felicidade!"
Senhor, faze brilhar sobre nós a luz de teu rosto.
(Salmo 4)

Ressoe o mar e tudo que ele contém,
o mundo e seus habitantes!
Batam palmas os rios, os montes,
em coro, cantem de júbilo diante do Senhor,
pois Ele vem para governar a terra.
Governará o mundo com justiça
e os povos com retidão.
(Salmo 98)

Porque só do Senhor é a realeza
e é Ele quem governa as nações.
Diante dele se prostrarão todos os poderosos da terra
e se inclinarão todos os que descem ao pó.
(Salmo 22)

O Senhor desfaz os desígnios das nações
e frustra os projetos dos povos.
Mas o desígnio do Senhor subsiste para sempre
e seus projetos de geração em geração.
(Salmo 33)

3.2 Que Deus faça justiça aos pobres

Como esqueces facilmente os pobres! Inclusive quando rezas o Pai-nosso. Não sabes que Deus quer reinar no mundo precisamente para defender os que ninguém defende? Ele *livrará o pobre que clama, e também o oprimido e o desvalido. Ele tem compaixão do fraco e do pobre, e salva a vida dos pobres e lhes resgata a vida da astúcia e da violência* (72). Como podes pedir o Reino de Deus esquecendo-te deles?

Ao rezar a Deus Pai, não peças só para ti. Não peças só para teus amigos e entes queridos. Aprende a invocar a Deus em nome dos mais desgraçados. Dize a Deus, de coração: ainda que eu me esqueça, *Tu não esqueces a vida de teus pobres* (74). Que não sejam defraudados. *Que os pobres e aflitos louvem teu nome* (74).

Ao falar com Deus, não o imagines voltado só para teus problemas e preocupações. Entra em seu coração de Pai, olha para quem ele se inclina: *Tu vês as penas e trabalhos dos humildes, tu os observas para retribuir com tua mão* (10). Será que te pareces um pouco com esse Deus Pai? Tu te aproximas dos pobres?

* * *

Todos os reis se prostrarão diante dele
e todas as nações o servirão.
Pois Ele livrará o pobre que clama,
e também o oprimido e o desvalido.
Ele tem compaixão do fraco e do pobre.
Da astúcia e da violência
Resgata-lhes a vida e o sangue.
(Salmo 72)

Que as montanhas e colinas tragam paz ao povo,
mediante a justiça!
Que Ele faça justiça aos humildes do povo,
salve os filhos dos pobres e esmague o opressor.
(Salmo 72)

Deus está com a geração dos justos.
Quereis confundir o plano do pobre
quando o Senhor é seu refúgio?
(Salmo 14)

O Senhor é rei para todo o sempre
e estabelece seu trono para o juízo:
julga o mundo com justiça
e rege os povos com retidão.
O Senhor é refúgio do oprimido,
seu refúgio nos momentos de perigo.
(Salmo 10)

Não esqueças para sempre a vida de teus aflitos!
Olha para a aliança, pois os esconderijos do país estão
cheios de covis de violência.
Que o oprimido não volte humilhado,
que o aflito e o pobre louvem teu nome.
(Salmo 74)

Olhai, humildes, e alegrai-vos...
Pois o Senhor ouve os pobres e não rejeita os seus cativos,
Louvem-no os céus e a terra.
(Salmo 69)

Tu vês a tribulação e as mágoas dos pobres,
observas para retribuir com tua mão...
Senhor, Tu que ouviste o anseio dos humildes,
confortarás seu coração e lhes prestarás ouvido.
(Salmo 10)

Senhor, quem é semelhante a ti,
que livras o desvalido do mais forte que ele
e o miserável e o pobre de quem o explora?
(Salmo 35)

Feliz aquele que espera no Senhor, seu Deus...
Ele que guarda fidelidade para sempre,
que faz justiça aos oprimidos,
que dá pão aos que têm fome.
O Senhor liberta os prisioneiros,
abre os olhos aos cegos,
o Senhor endireita os encurvados,
o Senhor ama os justos,
o Senhor protege os migrantes,
ampara o órfão e a viúva
e confunde o caminho dos ímpios.
(Salmo 146)

4

Seja feita a tua vontade, assim na terra como no céu

4.1 Que Deus cumpra seus planos de salvação

O que pedes a Deus não é que Ele esqueça seus planos e faça a tua vontade. Pedes exatamente o contrário: que Ele esqueça teus interesses e pequenos caprichos e que se cumpra esse desejo ardente que Ele guarda em seu coração de Pai. É o melhor que podes pedir a Deus: *Mostra-nos, Senhor, teu amor, e dá-nos a tua salvação* (85).

Os povos não escutam a vontade de Deus. Não seguem seus caminhos. Fala com Deus. Ele pode mudar o coração dos homens e mulheres que habitam a terra: *Que Deus faça brilhar a sua face entre nós! Que se conheça na terra o teu caminho e em todas as nações a tua salvação* (67).

Não tenhas medo de pedir a Deus que se faça a vontade dele. É o melhor para ti e para todos, pois Deus só quer o nosso bem e a nossa felicidade. *Exultem de alegria, por causa de ti, todos os que te procuram! Os que amam tua salvação digam sem cessar: "Grande é o Senhor!"* (40).

***

Que Deus tenha piedade de nós e nos abençoe;
faça brilhar a sua face entre nós.
Que se conheça na terra o teu caminho
e em todas as nações a tua salvação.
(Salmo 67)

Desperta teu poder e vem salvar-nos!
Restaura-nos, ó Deus,
faze brilhar tua face e seremos salvos.
(Salmo 80)

Exultem de alegria, por causa de ti, todos os que te procuram.
Os que amam tua salvação digam sem cessar:
"Grande é o Senhor!"
(Salmo 40)

De ti, Senhor, vem a salvação.
Desça tua bênção sobre teu povo.
(Salmo 34)

Restaura-nos, ó Deus nosso salvador!...
Não tornarás a dar-nos a vida,
para que teu povo se alegre em ti?
Mostra-nos, Senhor, teu amor
e dá-nos a tua salvação.
(Salmo 85)

Penetrarei nas proezas do Senhor Deus,
evocarei tua justiça que é somente tua.
(Salmo 71)

A salvação dos justos vem do Senhor,
Ele é sua fortaleza no tempo do perigo.
O Senhor os ajuda e os livra,
livra-os dos ímpios e os salva, porque nele se refugiam.
(Salmo 37)

Dize-me: "Eu sou tua salvação".
(Salmo 35)

4.2 Ensina-me a cumprir a tua vontade

Não podes rezar o Pai-nosso sem sentir um grande desejo de cumprir a vontade de Deus. Mas tens medo de que Deus te peça demais. Sentes-te fraco, sem forças para seguir seus caminhos. Procura escutar Deus no fundo da alma. Confia nele: *Dá-me entendimento para que eu observe tua lei e a guarde de todo coração. Encaminha-me na senda de teus mandamentos* (119).

Não desanimes nunca por causa de teus erros e pecados. Deus conhece tua fragilidade. Ele te ama tal como és. Que não se apague nunca teu desejo de cumprir sua vontade: *Deus meu, desejo tanto fazer tua vontade... e ter tua lei em minhas entranhas* (40). Dize-lhe com sinceridade: *De todo meu coração eu te procurei. Não deixes que me afaste de teus mandamentos* (119).

Às vezes tens medo de equivocar-te. Não sabes qual pode ser a vontade de Deus. Queres acertar e não sabes o que fazer. Conta com Deus, teu Pai: *Dá-me a conhecer o caminho que devo seguir* (143). Não te enganes a ti mesmo: *Mostra-me, Senhor, teu caminho, para que eu o siga em fidelidade para contigo* (86). Pede a Deus para ser fiel: *"Dirige-me, Senhor, no caminho por tua verdade"* (25).

* * *

Dá-me entendimento para que eu observe tua lei
e a guarde de todo o coração.
Encaminha-me na senda de teus mandamentos,
pois nisto encontro meu prazer.
(Salmo 119)

Revela-me, Senhor, teus caminhos,
ensina-me tuas veredas.
Dirige-me no caminho por tua verdade
e me ensina, porque Tu és o Deus de minha salvação
e em ti espero sempre.
(Salmo 25)

Mostra-me, Senhor, teu caminho
para que eu o siga em fidelidade para contigo.
Orienta meu coração,
para que eu tema teu nome.
(Salmo 86)

Eis que venho... fazer a tua vontade como tanto desejo, meu Deus,
e ter a tua lei em minhas entranhas.
(Salmo 40)

Guardo, Senhor, tua lei, de todo coração;
não consintas que me desvie de teus mandamentos...
Encontro minha delícia em teus decretos,
não me esqueço de tuas palavras.
(Salmo 119)

Abre meus olhos,
para que eu veja as maravilhas de tua lei.
(Salmo 119)

Afasta-me do caminho da mentira
e favorece-me com a tua lei.
(Salmo 119)

Dá-me a conhecer o caminho que devo seguir,
pois a ti elevo a minha alma...
Ensina-me a fazer a tua vontade,
pois Tu és meu Deus.
Teu bom Espírito me guie por terra plana.
(Salmo 142)

5
O pão nosso de cada dia dá-nos hoje

5.1 O Pai alimenta nossa vida

Ao rezar o Pai-nosso, não deves pedir a Deus riquezas, nem bem-estar, mas o que necessitas para viver. Não podes dar-te a ti mesmo a vida. É Deus, teu Pai, que te faz viver. Ele te dá o pão da vida. *Ele dá alimento a toda criatura, pois seu amor é para sempre* (136).

Tu te preocupas com muitas coisas. Fazes projetos, trabalhas, organizas teu futuro... É normal. Mas a vida que há em ti é dom de Deus. Nunca deves esquecer isto. Deves viver dando graças por tudo que recebes dele. *Se o Senhor não construir a casa, em vão trabalham os seus construtores. É inútil que vos levanteis cedo e retardeis o repouso, para ganhar o pão. Ao seu amigo que dorme, ele o dará da mesma forma!* (127).

* * *

Senhor, meu Deus, como és grande!...
Fazes brotar a erva para o gado
e as plantas que o ser humano cultiva,
para tirar da terra o alimento,
o vinho que alegra o coração,
o óleo que dá brilho a seu rosto
e o pão que renova as forças...
Todos esperam de ti que lhes dês alimento no devido tempo.
Tu lhes dás e eles o recolhem;
abres a mão e eles se fartam de bens.
(Salmo 104)

Se o Senhor não construir a casa,
em vão trabalham os construtores.
Se o Senhor não guardar a cidade,
em vão vigia a sentinela.
É inútil que vos levanteis cedo
e retardeis o repouso,
para ganhar o pão.
Ao seu amigo que dorme, Deus o dará da mesma forma.
(Salmo 127)

O Senhor é misericordioso e clemente.
Deu alimento aos que o temem,
sempre lembrado de sua aliança.
(Salmo 111)

Ele é nosso Deus,
e nós somos o povo de seu pastoreio,
as ovelhas conduzidas por sua mão.
(Salmo 95)

Ele dá alimento a toda criatura,
pois seu amor é para sempre.
(Salmo 136)

Eis que o Senhor pousa os olhos sobre os que o temem,
e que esperam em sua misericórdia,
para livrá-los da morte
e conservar-lhes a vida no tempo da fome.
(Salmo 33)

5.2 Que Deus nos dê vida

Se te levantas cada manhã é porque Deus dá alento à tua vida. Se vês a luz de cada amanhecer é porque Deus te desperta. Louva a Deus que é fonte de toda vida. Reconhece com alegria que todos vivemos sustentados por seu amor: *Em ti está a fonte da vida e é em tua luz que vemos a luz* (36).

Há dias em que te sentes muito mal, abatido e sem forças para viver. Necessitas de Deus mais do que nunca. Que Ele te encha de vida. Que te sintas unido a todos que vivem no limite de suas forças. Recorre a Deus com fé: *Estou por demais humilhado: Senhor, reanima-me, dá-me vida, segundo a tua promessa* (119). Dá-nos vida.

Agarras-te com força a esta vida. É a única que conheces. Mas a Vida é mais do que esta vida. Anseias pela vida eterna. Desperta tua esperança. Confia em Deus: *Tenho certeza de que vou experimentar a bondade do Senhor na terra dos vivos* (27).

* * *

Todas as pessoas se saciam da abundância de tua casa,
e lhes dás a beber da torrente de tuas delícias.
Porque contigo está a fonte de vida,
e em tua luz vemos a luz.
(Salmo 36)

Louvarei o Senhor enquanto eu viver...
Não conteis com os príncipes,
com o ser humano, no qual não há salvação.
Ao esvair-se o seu alento, ele volta ao pó;
no mesmo dia seus planos se apagam.
(Salmo 146)

Os laços de morte me envolveram...
eu me encontrava em angústia e tristeza.
Invoquei o nome do Senhor:
"Ah, Senhor, liberta-me!"
(Salmo 116)

Minha vida se esgota em tristeza
e meus anos em gemidos.
Meu vigor se dissipa por causa de minha culpa...
Tornei-me objeto de pavor...
Mas eu confio em ti, Senhor.
Afirmo que só Tu és o meu Deus...
Salva-me por tua misericórdia.
(Salmo 31)

Minha alma se consome aguardando tua salvação.
Espero em tua palavra.
Meus olhos se consumiram aguardando tua promessa...
Segundo o teu amor, reanima-me.
(Salmo 119)

Estou tão aflito, Senhor!
Dá-me vida, segundo tua promessa.
(Salmo 119)

Eu andarei na presença do Senhor,
na terra dos vivos.
(Salmo 116)

Tenho certeza de que vou experimentar a bondade do Senhor na terra dos vivos.
Espera no Senhor!
Sê forte e corajoso no teu coração.
Espera no Senhor!
(Salmo 27)

6

Perdoa-nos as nossas ofensas, assim como nós perdoamos a quem nos tem ofendido

6.1 Pai, pecamos contra ti

Todos nós somos pecadores, também tu. Diante de Deus não precisas defender-te nem desculpar-te. Reza sempre o Pai-nosso com humildade. Recorre a Deus confessando teu pecado: *Reconheço minhas transgressões... Pequei contra ti, contra ti somente* (51). Deus te ouvirá: *Um coração contrito e humilhado, ó Deus, Tu não o desprezarás* (51).

No mundo há maldade e injustiça. Às vezes tu mesmo te sentes oprimido pela força do mal. Confia em Deus, nosso Pai. Dize-lhe em nome de todos: *Se levares em conta, Senhor, as culpas, quem poderá subsistir?* (130). Confia em seu amor de Pai: *Se prevalecem as nossas transgressões, Tu as perdoas* (65).

Que o pecado nunca nos afaste de Deus. Que nunca te impeça de invocá-lo como Pai. És pecador, mas nem por isso Deus deixa de amar-te. É o momento de confiar-te a Ele: *Não me abandones, Senhor! Meu Deus*

não fiques tão longe! Vem depressa em meu socorro (38).
Poderás sentir seu perdão: *Deus ouviu minha voz... libertou-me incólume dos que me perseguiam* (55).

* * *

Pecamos, assim como os nossos antepassados
cometemos maldades e iniquidades.
(Salmo 85)

Um coração contrito e humilhado,
ó Deus, Tu não o desprezarás.
(Salmo 51)

A ti acode todo mortal
por causa de suas culpas.
Se prevalecem nossas transgressões,
Tu as perdoas.
(Salmo 65)

Se levares em conta, Senhor, as culpas,
quem poderá subsistir?
Mas contigo está o perdão,
pelo que és reverenciado.
(Salmo 130)

Reconheço minhas transgressões
e tenho sempre presente o meu pecado.
Pequei contra ti, contra ti somente,
e pratiquei o mal diante de teus olhos.
(Salmo 51)

Senhor, tem piedade de mim,
cura-me, pois pequei contra ti.
(Salmo 41)

Minhas iniquidades cobriram minha cabeça
como fardo pesado demais para mim...
Sim, confesso minha culpa,
estou aflito em razão do meu pecado...
Não me abandones, Senhor!
Meu Deus, não fiques tão longe!
Vem depressa em meu socorro,
Senhor, minha salvação.
(Salmo 38)

Quanto a mim, invoco a Deus
e o Senhor me salvará...
Ele ouviu a minha voz,
libertou-me incólume dos que me perseguiam.
(Salmo 55)

6.2 Pai, perdoa-nos

Deus não é como nós. Não sabe odiar nem vingar-se. De seu coração de Pai só brota amor, perdão e ternura. Medita em sua bondade: *Não nos trata segundo os nossos pecados, nem nos paga segundo as nossas culpas... pois Ele sabe de que somos feitos, lembra-se de que somos pó* (103).

Quando rezares o Pai-nosso, pensa em quem estás invocando e dize-lhe do mais íntimo: *Tu, Senhor, és bom e perdoas... és rico em misericórdia para com todos os que te invocam* (86). Repete bem devagar: *Lembra-te, Senhor, de tua ternura e dos dons do teu amor, porque são eternos...* (25).

O perdão de Deus é total. Anula o nosso pecado e o destrói. Renova-nos por dentro. Devolve-nos a inocência. Deixa-te purificar por Deus: *Senhor, apaga minhas transgressões. Lava-me todo inteiro de minha culpa... Cria em mim um coração puro e renova-me por dentro* (51).

O perdão de Deus te encherá de alegria. Pede a Ele que te faça conhecer essa alegria: *Alegra a alma de teu servo, pois Tu, Senhor, és bom e perdoas* (86). *Restitui-me a alegria de tua salvação* (51). Pensa em todos os homens e mulheres. Oxalá possam eles conhecer essa alegria: *Feliz aquele cuja transgressão é perdoada, cujo pecado é encoberto* (31).

* * *

O Senhor é clemente e misericordioso,
lento para a cólera e rico de amor.
Não está sempre acusando,
nem guarda rancor para sempre.
Não nos trata segundo os nossos pecados,
nem nos paga segundo as nossas culpas.
Pois quanto se elevam os céus sobre a terra,
assim se eleva seu amor sobre os que o temem.
Quanto dista o Oriente do Ocidente,
tanto Ele afasta de nós as nossas transgressões.
Como um pai ama os filhos com ternura,
assim o Senhor se enternece por aqueles que o temem,
pois Ele sabe de que fomos feitos,
lembra-se de que somos pó.
(Salmo 103)

Minha alma espera no Senhor,
espera em sua palavra...
pois no Senhor há misericórdia,
e, junto dele, copiosa redenção.
(Salmo 130)

Tu, meu Deus, tem piedade de mim,
pois a ti clamo todo o dia.
Alegra a alma de teu servo,
porque a ti, Senhor, elevo minha alma.
Pois Tu, Senhor, és bom e perdoas,
és rico em misericórdia para todos que te invocam.
(Salmo 86)

Lembra-te, Senhor, de tua ternura
e dos dons do teu amor, porque são eternos.
Não recordes os pecados de minha juventude, nem minhas faltas.
Lembra-te de mim segundo tua misericórdia...
Por causa de teu nome, Senhor,
perdoa minha culpa que é grande.
(Salmo 25)

Tem piedade de mim, ó Deus, segundo tua misericórdia;
segundo a tua grande clemência apaga minhas transgressões.
Lava-me todo inteiro de minha culpa
e purifica-me do meu pecado.
Purifica-me... e ficarei limpo.
Lava-me e ficarei mais branco do que a neve.

Faze-me ouvir júbilo e alegria...
Esconde teu rosto de meus pecados
e apaga todas as minhas culpas.
Ó Deus, cria em mim um coração puro
e renova-me por dentro com um espírito decidido.
Não me afastes de tua presença,
nem retires de mim teu Santo Espírito.
Restitui-me a alegria de tua salvação.
(Salmo 51)

Senhor, não escondas de mim a tua misericórdia;
teu amor e tua fidelidade sempre me guardem...
Minhas iniquidades me atingiram e já nem olhar me permitem...
Digna-te, Senhor, libertar-me.
Apressa-te, Senhor, em socorrer-me.
(Salmo 40)

Quem, entretanto, se dá conta dos extravios?
Absolve-me das faltas ocultas...
Então serei perfeito e inocente
de grande transgressão.
(Salmo 19)

Não evoques contra nós as culpas dos antepassados!
Venha logo ao nosso encontro tua compaixão,
pois estamos profundamente abatidos.
Socorre-nos, ó Deus, salvador nosso,
pela glória do teu nome.
Livra-nos e perdoa nossos pecados.
(Salmo 79)

Feliz aquele cuja transgressão é perdoada,
cujo pecado é encoberto.
Feliz de quem o Senhor não leva em conta a iniquidade...
Confessei-te meu pecado
e não encobri minha iniquidade.
Eu disse: "Confessarei ao Senhor minhas transgressões",
e Tu perdoaste a culpa de meu pecado.
(Salmo 32)

Favoreceste, Senhor, a tua terra...
Perdoaste a iniquidade de teu povo,
encobriste todo o seu pecado.
(Salmo 85)

7

Não nos deixes cair em tentação

7.1 Invocamos a ti, Pai, a partir de nossa fragilidade
O ser humano é fraco e inconstante. Esquece facilmente o amor e a justiça e cai na tentação de seguir os caminhos do egoísmo e do ódio. Pede a Deus por toda a humanidade: *Restaura-nos, ó Deus, faze brilhar tua face e seremos salvos!* (80). *Levanta-te para socorrer-nos! Resgata-nos, por teu amor!* (44).

Tu também não és um herói. Conheces bem tua fraqueza. Tens bons desejos em teu coração, mas depois cais sempre de novo nos mesmos erros. Apoia-te em Deus. Refugia-te nele: *Sustenta-me segundo a tua promessa... Dá-me apoio...* (119). *Tu és meu auxílio e libertador. Senhor, não tardes mais!* (70).

Às vezes te sentes só. Não sabes a quem recorrer, nem de onde tirar forças. Lembra-te que Deus está bem perto de ti. É teu Pai. Confia nele: *Não temo mal algum, porque Tu estás comigo... Tua bondade e amor certamente me acompanharão todos os dias* (23).

* * *

Desperta teu poder e vem salvar-nos!
Restaura-nos, ó Deus,
e faze brilhar tua face e seremos salvos.
(Salmo 80)

Por que escondes tua face
e esqueces nossa desgraça e opressão?...
Levanta-te para socorrer-nos,
resgata-nos, por teu amor.
(Salmo 44)

Senhor, por ti eu clamo, vem depressa!
Escuta minha voz, quando te invoco!...
Com os olhos em ti, Senhor Deus,
refugiei-me junto de ti:
não me exponhas à morte.
(Salmo 141)

Tu és meu abrigo e meu escudo:
espero em tua palavra...
Sustenta-me segundo tua promessa, para que eu viva...
Dá-me apoio e serei salvo.
(Salmo 119)

Quanto a mim, um pobre aflito,
ó Deus, vem depressa até mim!
Tu és meu auxílio e libertador:
Senhor, não tardes mais!
(Salmo 70)

Deus é quem me ajuda,
o Senhor está com os que me apoiam.
(Salmo 54)

O Senhor está a meu favor: nada temo.
Que mal poderá alguém me fazer?
O Senhor está a meu favor prestando-me auxílio...
Melhor é refugiar-me junto ao Senhor
do que fiar-me no ser humano.
(Salmo 118)

Ainda que eu ande por um vale de espessas trevas,
não temo mal algum, porque estás comigo...
Tua bondade e amor certamente me acompanharão
todos os dias de minha vida.
(Salmo 23)

Quanto a mim, sou um pobre desvalido,
mas o Senhor cuida de mim.
Tu és meu amparo e meu libertador:
meu Deus, não tardes mais!
(Salmo 40)

Perdido está o refúgio para mim,
ninguém se preocupa com a minha vida.
Clamei a ti, Senhor, dizendo:
Tu és meu refúgio...
(Salmo 142)

7.2 Não nos deixes cair

Em qualquer momento podes cair. Isto já aconteceu mais de uma vez: tu te esqueces de Deus e segues teus próprios caminhos. Mas Deus é teu Pai, ele te acompanha e está vigilante. *Ele não deixará que teus pés vacilem; não cochila nem dorme aquele que te guarda... O Senhor te guardará de todo mal* (121). Confia nele: *Tu, Senhor, minha força, vem depressa em meu socorro!* (22).

É muito fácil esquecer tudo e seguir a inclinação de nosso coração egoísta. É fácil deixar-nos seduzir pelo bem-estar, pelo prestígio e pelo interesse próprio. Agora que estás invocando o Pai, pede-lhe sua ajuda: *Não deixes meu coração inclinar-se para qualquer mal* (141); *não deixes que mal nenhum me domine* (119).

Ao longo dos dias vais encontrar-te em situações que são uma verdadeira armadilha. Um perigo no qual podes pôr a perder tua vida. Fica atento e vigilante. Recorre confiante a Deus, teu Pai. *Na trilha que sigo, ocultaram uma armadilha para mim... Atende ao meu clamor* (142); *estou na angústia... aproxima-te de mim* (69); *guarda-me como a pupila do olho* (17).

* * *

Volta-te para mim e tem piedade de mim...
Firma meus passos através de tua promessa
e não deixes que mal nenhum me domine!
(Salmo 119)

Estenderam cordas, uma rede ao lado do caminho,
armaram-me ciladas.
Eu disse ao Senhor: "Tu és meu Deus".
Senhor, escuta minha voz suplicante!
(Salmo 140)

Com os olhos em ti, Senhor Deus,
refugiei-me junto de ti:
não me exponhas à morte!
Guarda-me da cilada que me armaram
e das armadilhas dos malfeitores.
(Salmo 141)

Tu sabes aonde eu vou:
na trilha que eu sigo ocultaram uma armadilha para mim...
Atende ao meu clamor, pois já estou exausto.
(Salmo 142)

Senhor, por ti eu clamo: vem depressa!
Escuta a minha voz quando te invoco...
Não deixes meu coração inclinar-se para qualquer mal.
(Salmo 141)

Tu, Senhor, Deus fiel, me resgataste...
Eu confio no Senhor...
pois viste minha aflição...
Tem piedade de mim, que estou em perigo!
(Salmo 31)

Não ocultes de teu servo a tua face,
porque estou na angústia.
Responde-me depressa,
aproxima-te de mim, resgata-me,
liberta-me por causa de meus inimigos.
(Salmo 69)

Invoco-te, ó Deus, porque me responderás.
Presta-me ouvido e escuta minha palavra...
Guarda-me como a pupila do olho,
esconde-me à sombra de tuas asas,
longe dos ímpios que me espoliaram.
Senhor, levanta-te, enfrenta-os, derruba-os...
liberta-me dos ímpios.
(Salmo 17)

Guia-me, Senhor, em tua justiça,
por causa dos meus adversários;
aplaina diante de mim teu caminho.
(Salmo 5)

Tu és meu refúgio, Tu me livras da angústia,
a meu grito de socorro me proteges.
(Salmo 31)

Vê se estou no caminho funesto
e conduze-me pelo caminho duradouro.
(Salmo 139)

O Senhor não deixará que teus pés vacilem;
não cochila aquele que te guarda,
não cochila nem dorme
aquele que guarda Israel...
O Senhor te guardará de todo mal,
Ele guardará tua vida.
(Salmo 121)

Mas Deus resgatará minha vida;
do poder da morte com certeza me arrancará.
(Salmo 49)

Quando eu dizia: "Meu pé vacila",
teu amor, Senhor, sustentava-me.
(Salmo 94)

Livra-nos do mal

8.1 Pai, confiamos em ti

Os seres humanos são responsáveis pelo pecado que há no mundo, mas também são vítimas dele. O mal não está só em seu coração, está também nas estruturas e instituições, na cultura que molda as pessoas e no ambiente que respiram. Pede a Deus que nos livre do mal: *Vem em nosso auxílio contra o adversário, porque inútil é o socorro humano* (60). *Que a graça do Senhor nosso Deus esteja sobre nós* (90).

O Pai-nosso termina com o abandono confiante de tua vida a Deus, teu Pai. Com ele a teu lado estás seguro. Podes enfrentar teus medos: *Em tuas mãos recomendo meu espírito... Tem piedade de mim, Senhor, que estou em perigo!... Meu destino está em tuas mãos* (31).

Termina tua oração ao Pai bem unido a Ele, envolto por seu amor. Dize-lhe do fundo do coração: *Pertenço a ti: salva-me!* (119); *salva-me por teu amor* (6); *Livra-me, resgata-me... salva-me* (71). *Salva-me por tua misericórdia* (31).

* * *

Vem em nosso auxílio contra o adversário,
porque inútil é o socorro humano.
(Salmo 60)

Que a graça do Senhor nosso Deus
esteja sobre nós!
(Salmo 90)

Mostra-nos, Senhor, teu amor
e dá-nos a tua salvação!
(Salmo 85)

Não me abandones, Senhor!
Meu Deus, não fiques tão longe!
Vem depressa em meu socorro,
Senhor, minha salvação!
(Salmo 38)

Em tuas mãos recomendo meu espírito:
Tu, Senhor, Deus fiel, me resgataste...
Confio no Senhor.
Danço de alegria por causa de tua misericórdia...
Tem piedade de mim, Senhor,
que estou em perigo.
(Salmo 31)

Quanto a mim, sou um pobre desvalido;
mas o Senhor cuida de mim.
Tu és meu amparo e meu libertador:
meu Deus, não tardes mais!
(Salmo 40)

Tu, Senhor Deus, atua em meu favor
pela honra do teu nome.
Pois teu amor é benfazejo,
livra-me, que sou um infeliz e pobre...
Ajuda-me, Senhor meu Deus!
Salva-me segundo o teu amor.
(Salmo 109)

Antecipo-me à aurora e peço auxílio,
esperando em tua palavra.
Meus olhos antecipam-se às vigílias
para meditar em tua promessa...
Segundo o teu amor, Senhor, reanima-me!
(Salmo 119)

Meus olhos se consumiram por tua salvação
e pela promessa de tua justiça.
Trata teu servo conforme o teu amor.
(Salmo 119)

Clamo a ti, salva-me!
(Salmo 119)

Quanto a mim, invoco a Deus
e o Senhor me salvará...
Ele ouviu a minha voz,
libertou-me incólume dos que me perseguiam.
(Salmo 55)

Responde-me, Senhor, porque teu amor é benfazejo,
segundo tua grande compaixão, volta-te para mim.
E não ocultes de teu servo tua face,
porque estou na angústia.
Responde-me depressa,
aproxima-te de mim, resgata-me, liberta-me por causa
dos meus inimigos.
(Salmo 69)

Senhor, até quando?
Volta, Senhor, liberta minha alma!
Salva-me por teu amor.
(Salmo 6)

Senhor, meu Deus, em ti me refugio:
salva-me de quantos me perseguem e livra-me!
(Salmo 7)

Em ti, Senhor, refugio-me...
Por tua justiça me livrarás e me libertarás.
Inclina para mim teus ouvidos e salva-me!
Sê para mim a rocha de refúgio sempre acessível,
porque decidiste salvar-me.
Sim, és meu rochedo e minha fortaleza.
(Salmo 71)

Eu confio em ti, Senhor.
Afirmo que só Tu és meu Deus.
Meu destino está em tuas mãos:
livra-me da mão dos meus inimigos e perseguidores.
Faze brilhar tua face sobre teu servo,
salva-me por tua misericórdia.
(Salmo 31)

Índice

Sumário, 5
Apresentação, 7
  1 A estrutura do Pai-nosso, 7
  2 Os salmos, 9
  3 Como utilizar este livro?, 9

           O Pai-nosso
1 Pai nosso que estás no céu, 13
  1.1 Experimentar Deus como Pai, 13
  1.2 Com a confiança de filhos, 16
  1.3 Sabendo que somos irmãos, 18
  1.4 O Pai do céu, 19
  1.5 Deus Pai e Mãe, 21
2 Santificado seja o teu nome, 25
  2.1 O nome de Deus, 25
  2.2 A santidade de Deus, 27
  2.3 Que Deus santifique seu nome, 28
  2.4 Nosso compromisso, 29
3 Venha a nós o teu reino, 31
  3.1 Evitar ideias errôneas, 31
  3.2 A utopia do Reino de Deus, 33
  3.3 O Reino de Deus está chegando, 35
  3.4 Entrar no reino, 38

4 Seja feita a tua vontade, assim na terra como no céu, 41
    4.1 A vontade salvífica de Deus, 42
    4.2 Que o Pai realize seus planos de salvação, 43
    4.3 Na terra como no céu, 44
    4.4 Em obediência fiel ao Pai, 45

5 O pão nosso de cada dia dá-nos hoje, 47
    5.1 O pão, 47
    5.2 O pão nosso, 48
    5.3 O pão de cada dia, 49
    5.4 Não só de pão vive o ser humano, 50
    5.5 O pão da vida eterna, 51
    5.6 Dádiva de Deus e trabalho do ser humano, 52

6 Perdoa-nos as nossas ofensas, assim como nós perdoamos a quem nos tem ofendido, 55
    6.1 Nossa dívida com Deus, 56
    6.2 Perdoa-nos, 57
    6.3 Assim como nós perdoamos, 59
    6.4 O sentido de nosso pedido de perdão, 61

7 Não nos deixes cair em tentação, 63
    7.1 Nossa fragilidade, 63
    7.2 A tentação, 64
    7.3 Não nos deixes cair, 66
    7.4 Vigiar e orar, 67

8 Livra-nos do mal, 69
    8.1 O mal, 69
    8.2 Arranca-nos do mal, 70
    8.3 Nossa luta contra o mal, 72

9 Amém, 75

Salmos para rezar o Pai-nosso

1 Pai-nosso que estás no céu, 79
   1.1 Temos um Pai no céu, 79
   1.2 Nele depositamos nossa confiança, 82
   1.3 Somos todos irmãos, 84
2 Santificado seja o teu nome, 89
   2.1 Que todos reconheçam a grandeza de Deus, 89
   2.2 Que todos experimentem como Deus é bom, 91
   2.3 Que Deus cuide de seu bom nome, 93
3 Venha a nós o teu reino, 97
   3.1 Venha a nós o teu reino, 97
   3.2 Que Deus faça justiça aos pobres, 99
4 Seja feita a tua vontade, assim na terra como no céu, 103
   4.1 Que Deus cumpra seus planos de salvação, 103
   4.2 Ensina-me a cumprir a tua vontade, 105
5 O pão nosso de cada dia dá-nos hoje, 109
   5.1 O Pai alimenta nossa vida, 109
   5.2 Que Deus nos dê vida, 111
6 Perdoa-nos as nossas ofensas, assim como nós perdoamos a quem nos tem ofendido, 115
   6.1 Pai, pecamos contra ti, 115
   6.2 Pai, perdoa-nos, 117
7 Não nos deixes cair em tentação, 123
   7.1 Invocamos a ti, Pai, a partir de nossa fragilidade, 123
   7.2 Não nos deixes cair, 126
8 Livra-nos do mal, 131
   8.1 Pai, confiamos em ti, 131

JESUS: APROXIMAÇÃO HISTÓRICA
José Antônio Pagola

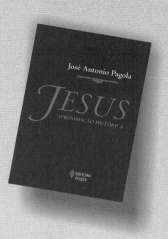

"Quem foi Jesus? Como entendeu sua vida? Que alternativa quis introduzir com sua atuação? Onde está a força de sua figura e a originalidade de sua mensagem? Por que o mataram? Como terminou sua aventura? Que segredo se esconde nesse galileu fascinante, nascido há dois mil anos numa aldeia insignificante do Império Romano e executado como um malfeitor perto de uma antiga pedreira, nos arredores de Jerusalén, quando beirava os 30 anos? Quem foi este homem que marcou decisivamente a religião, a cultura e a arte do Ocidente?

Estas são algumas das inúmeras perguntas suscitadas em torno de Jesus. Nesta obra de 650 páginas, José Antônio Pagola, professor de Cristologia na Faculdade Teológica de Vitória (Espanha), há sete anos se dedica exclusivamente a pesquisar e tornar conhecida a pessoa de Jesus, oferece um relato vivo e apaixonante da atuação e da mensagem de Jesus de Nazaré, situando-o em seu contexto social, econômico, político e religioso a partir das mais recentes pesquisas.

Na apresentação da obra, o próprio autor escreve: "Meu propósito fundamental foi 'aproximar-me' de Jesus com rigor histórico e com linguajar simples, para aproximar sua pessoa e sua mensagem ao homem e à mulher de hoje. Quis pôr nas mãos de você, leitor e leitora, um livro que os oriente para não enveredar por caminhos atraentes, mas falsos, de tanto romance-ficção, escrito à margem e contra a investigação moderna".

CULTURAL

Administração – Antropologia – Biografias
Comunicação – Dinâmicas e Jogos
Ecologia e Meio Ambiente – Educação e Pedagogia
Filosofia – História – Letras e Literatura
Obras de referência – Política – Psicologia
Saúde e Nutrição – Serviço Social e Trabalho
Sociologia

CATEQUÉTICO PASTORAL

Catequese – Pastoral
Ensino religioso

REVISTAS

Concilium – Estudos Bíblicos
Grande Sinal
REB – SEDOC

TEOLÓGICO ESPIRITUAL

Biografias – Devocionários – Espiritualidade e Mística
Espiritualidade Mariana – Franciscanismo
Autoconhecimento – Liturgia – Obras de referência
Sagrada Escritura e Livros Apócrifos – Teologia

PRODUTOS SAZONAIS

Folhinha do Sagrado Coração de Jesus
Calendário de mesa do Sagrado Coração de Jesus
Agenda do Sagrado Coração de Jesus
Almanaque Santo Antônio – Agendinha
Diário Vozes – Meditações para o dia a dia
Encontro diário com Deus
Guia Litúrgico

VOZES NOBILIS

Uma linha editorial especial, com importantes autores, alto valor agregado e qualidade superior.

VOZES DE BOLSO

Obras clássicas de Ciências Humanas em formato de bolso.

CADASTRE-SE
www.vozes.com.br

EDITORA VOZES LTDA.
Rua Frei Luís, 100 – Centro – Cep 25689-900 – Petrópolis, RJ
Tel.: (24) 2233-9000 – Fax: (24) 2231-4676 – E-mail: vendas@vozes.com.br

UNIDADES NO BRASIL: Belo Horizonte, MG – Brasília, DF – Campinas, SP – Cuiabá, MT
Curitiba, PR – Fortaleza, CE – Goiânia, GO – Juiz de Fora, MG
Manaus, AM – Petrópolis, RJ – Porto Alegre, RS – Recife, PE – Rio de Janeiro, RJ
Salvador, BA – São Paulo, SP